说话是门技术活

箭客◎著

U0909894

中国财富出版社

图书在版编目（CIP）数据

说话是门技术活／箭客著．—北京：中国财富出版社，2018.4
ISBN 978－7－5047－6625－0

Ⅰ.①说…　Ⅱ.①箭…　Ⅲ.①语言艺术—通俗读物　Ⅳ.①H019－49

中国版本图书馆CIP数据核字（2018）第065103号

策划编辑　谢晓绚　　**责任编辑**　张冬梅　周　畅
责任印制　梁　凡　　**责任校对**　孙会香　卓闪闪　　**责任发行**　董　倩

出版发行　中国财富出版社
社　　址　北京市丰台区南四环西路188号5区20楼　　**邮政编码**　100070
电　　话　010－52227588转2048/2028（发行部）　010－52227588转321（总编室）
　　　　　010－68589540（读者服务部）　010－52227588转305（质检部）
网　　址　http://www.cfpress.com.cn
经　　销　新华书店
印　　刷　北京京都六环印刷厂
书　　号　ISBN 978－7－5047－6625－0/H·0151
开　　本　710mm×1000mm　1/16　　**版　　次**　2018年6月第1版
印　　张　14.25　　**印　　次**　2018年6月第1次印刷
字　　数　248千字　　**定　　价**　42.00元

版权所有·侵权必究·印装差错·负责调换

前　言

灵活处世，能言善辩赢人心

在现代社会，说话作为人们最简单、最直接的表达方式，它的重要性是不言而喻的。说话是一种能力，也是一种表达技巧，说话能力体现着一个人的内涵、素质。一个能言善辩的人，更容易赢得别人的爱戴和尊敬。

在我国古代，辩论被称为“辩”，《墨经·经上》认为：“辩，争彼也。辩胜，当也。”意思是说，人们互相争论，谁说的话正确，谁就赢得了辩论的胜利。

在人际交往中，每个人都有属于自己独特的一面，大到世界观、价值观以及为人处世的原则，小到对身边人或者事的看法。这些不同的差异都会导致人与人之间的争执与辩论。在悄然无形之中占尽先机，或以柔克刚把他人的攻势巧妙化解，这不仅反映出一个人的成熟，而且还能彰显个人的才华和能力。

所谓辩论，实际上是一种语言的攻防，就是你在考虑自己的策略选择时，必须同时考虑其他人的策略选择。同理，其他人在做选择时也必须考虑你的选择。换句话说，辩论就是研究个体如何在错综复杂的相互影响中得出最合理的策略，从而获得胜利。

战国时期，苏秦凭借三寸不烂之舌，在六国之间游说，最终赢得了诸侯们的信赖，身挂六国帅印，结成抗秦联盟；张仪则针锋相对，游说六国，最终成功拆散了抗秦联盟。三国时期，诸葛亮旁征博引，舌战群儒，促成吴蜀联盟……

刘勰在《文心雕龙》中说：“一人之辩，重于九鼎之宝，三寸之舌，强于百万之师。”可见一言能兴邦，一言能丧国。拥有好的口才，你就能在处理错综复杂的人际关系时游刃有余，能在谈判桌上侃侃而谈，能在针锋相对的辩论台前雄辩滔滔，甚至能在激烈的社会竞争中脱颖而出。

对于大多数人来说，在与人交流过程中缺乏的不是智慧和韬略，而是切实可行的方法和技巧。在日常沟通过程中，我们需要恰如其分的言辞和严谨的逻辑。在我们就某一问题展开争论时，要巧妙化解对方凌厉的攻势并借机反击；在我们面对对方咄咄逼人的气势时，要诱敌上钩，给对手一个下马威；在我们陷入困境时，要巧施妙计、化险为夷。这一切，都考验着我们的智慧。

箭　客

2017 年 6 月

目　录

第一章

避实就虚语囫囵，混淆视听乱真假

与人交往当中，难免会陷入语言交锋，这时候，与其不知所措，沦为刀俎上的鱼肉，不如避实就虚，迅速走出迷雾，让对方的攻势失去效用，扭转局势，赢得最终的胜利。

这都是50年前的事情了——答非所问术

通常，在言语交锋当中，别人会抓住你的语言漏洞，进行一连串的追问，让你招架不住而败下阵来。这时候与其被人牵着鼻子走，不如故意避开对方的提问，或者巧妙地转移话题，如同给对方打了套太极拳，让他不但攻击不到你，还会失了气势。而这时候，整场交锋的局势会发生扭转，主动权将完全掌握在你的手里。这就是我们要说的答非所问术。

一次，美国前总统里根去某大学演讲，在和学生的互动交流中，有一位学生问："尊敬的总统先生，我现在有一个问题想要请教您，希望能得到您的答复。"

里根总统笑着说："请提问吧，我定会知无不言、言无不尽，让你满意。"

这位学生说："您现在是美国总统，是美国的最高领导人，我想问的是，在您上大学的时候，您是否梦想着有一天能成为美国总统呢?"

里根兴奋地回答："这个问题问得真是太好了。我在大学期间主修的是经济学，同时我也是个地地道道的球迷，对篮球和足球都非常感兴趣。在我大学毕业的时候，就业形势非常糟糕，有4个学生当中就有1个没有工作的机会。当时我想，先找份工作养活自己吧。于是，我在自己的感兴趣的体育行业找了份工作，当了体育新闻广播员。几年之后，我辞去了这份工作，并进入了演艺圈，当上了一名电影演员。不过，这都是50年前的事情了。"

这个学生其实并没有得到问题的答案。他本来是想向里根总统提出一个尖锐的问题来达到为难对方的目的，却因为里根总统的答非所问，转移了话题而未能得逞。

故事中，那位学生通过提问“是否梦想着有一天能成为美国总统”，向里根发动言语攻势。如果里根总统回答“是”，那么就有可能被贴上过于功利的标签；倘若回答“不是”，那么现在成为总统就是偶然之举了，暗示出他并没有做好当美国总统的准备，让人对他的能力产生怀疑。而里根总统则巧妙地避开了“是否梦想着当总统”这个话题，而是粗略地说了一些自己的经历，从而避开了提问者的锋芒，也免于把自己置身于两难之中。这个过程，与其说是学生善于通过提问发起攻势，不如说是里根总统善于避实就虚。

在利用答非所问术时，不要被对方的凌厉攻势所震慑，着眼点要放在“偏”上，通过讲述一些与焦点相关而又不涉及重点的事情来混淆对方的视听，让对方的“拳头”打不到要害，等对方收不到意想中的效果时，在气势上已经败下阵去。这时候如果能把握住机会，顺势使用一连串的追问进行反击，往往会让对方自乱阵脚。你的含糊其词将对方的攻击化为虚无，再加上迅速反击，会让别人难以招架。

在言语交锋当中，他人揪住关键点展开质问时，自然又狠又准，力求让你因为正面回答而颜面尽失。为了避免这种状况，你不妨以柔克刚，采取温和的语气，避开对方的锋芒，故意偏离重点，用一些无关痛痒的说辞来敷衍，把对方的凌厉攻势化解于无形，同时及时反击，在气势上反败为胜。

应用答非所问术时，有几点建议供大家参考。

1. 转移重心，巧解妙答

答非所问术的要点之一，就是转移对方所提问题的重点，巧妙从他人所设置的尴尬情境中逃出，既回应了问题，又躲过了要害。当然，这种方法的关键在于随机应变，在转移了问题的重点之后又能自圆其说。否则，就算转移了问题的重点也无济于事，别人还会重新把话题转回来，对你进行攻击。

笑笑和男朋友分手后不久，认识了小强并确定了恋爱关系。可是，她的前男友却并未放手，不断纠缠，甚至闹到了笑笑所在的单位。这让笑笑的竞争对手小雯看了笑话。一天，笑笑去楼道里接听电话，恰巧碰到了小雯。小雯笑着说：“哎哟，笑笑，你可真了不起，跟两个男生都恩爱着啊？不会脚踩两只船吧？”笑笑用手捂住了电话，回应道：“当然了不起了，要不然我的工作做得比你好呢？”小雯自讨没趣，尴尬地离开了。

故事中的笑笑面对竞争对手的嘲笑和讽刺，巧妙将话题从“脚踩两只船”转移到“真了不起”上，然后借助“了不起”进行了反攻，把焦点聚在了小雯的工作能力上，恰巧这就是小雯的弱点所在，让小雯颜面尽失。攻击就是最好的防守，在转移问题的重心时，要找到对手的命脉，在避开危机的同时，展开致命一击，从而反败为胜，在交锋中占据主动。

2. 急剧夸张，幽默化解

在利用答非所问术来应对危机时，还可以故意使用夸张的语言，将问题玩笑化，用幽默来化解攻势。即便是再棘手的问题，一旦夸大，就有可能成为玩笑。这如同把别人手里的真枪变成了玩具枪，有了戏剧效果。即使别人不肯就此罢休也无济于事，只能哈哈一笑了，而实际上你才是真正的赢家。

发现那首诗歌仍然在那里——故作否定术

艾尔弗雷特是牛津大学的学生，平日里非常喜欢写作，因为曾经在著名的报纸上发表过诗歌而名噪一时。也正是因为这个原因，他经常参加各种重要的聚会，在师生面前展示才华。

一天晚上，他被邀请参加同学们的聚会，像往常一样，聚会一开始，他朗诵了自己刚刚创作的一首新诗。正当同学们拍手叫好的时候，有个叫作查尔斯的同学当面指出：“艾尔弗雷特的新诗我非常喜欢，但是我不得不指出，他是从另外一本书中偷来的。”此话一出，同学们大为惊愕。

艾尔弗雷特颜面尽失，大为恼火，立刻要求查尔斯当众向他道歉，恢复他的声誉。眼看聚会的气氛被破坏了，查尔斯清楚自己并没有说谎。

于是他掏出那本诗集，翻阅了一下，说："看来我是真的弄错了，我原本以为艾尔弗雷特新创作的诗歌是从这本诗集中偷来的，但是我刚刚翻阅了诗集，发现那首诗歌仍然在那里。"

艾尔弗雷特涨红了脸，哑口无言，半天说不出话来，随后他匆匆说了几句客套的话，以身体不舒服为由离开了会场。

查尔斯表面上承认自己弄错了，说诗集中的诗歌还在，但实际上却通过否定的方式肯定了自己刚刚所说的话并没有错，那就是艾尔弗雷特抄袭了他人诗集中的诗歌。查尔斯的巧妙之处就在于一个"偷"字，用正面"存在"否定了偷，却从侧面验证了艾尔弗雷特抄袭。听起来是否定，实际上是肯定，仿佛是输了，实际却赢了。这就是故作否定的精妙所在。

故作否定术，巧妙地改变了语言的表达形式，通过否定自己的正确，利用特殊的语言环境，用以退为进的方式，来达到攻击对方的目的。这样的方法往往会令对手不知所措，因为表面上你在退让，在表达顺从，令对手无法攻击，但实际上你却在对抗和进攻，令对手无法防守。这就是故作否定术的厉害之处，可以在"妥协退让"的同时一击制胜。

利用故作否定术时，对词语的褒贬把握要非常精准，尤其要注意一些表面上看起来是肯定，而实际上带有否定之意的词语，关键时，换一种表达方式，既能化解对手咄咄逼人的攻势，同时又能进行反击，让对方陷入想要攻击而又不能的尴尬境地。你输掉的只是姿态，赢得的却是气势，对手则是虽胜犹败，你自然是最终的赢家。

除此之外，利用故作否定术还要注意一点，那就是把握好词语情感表达的程度。比如"太""非常"等，如果刻意加重或者拉长语调，有时往往会产生否定的意思："你太优秀了"和"你太～优秀了"，前者表达的是肯定，而后者则是否定的意思。巧妙利用这些语言技巧，往往能让你在关键时刻扭转局势，占尽优势。

那么，在具体的沟通中，如何巧妙地使用故作否定术呢？

1. 主动退让，巧借词义

故作否定术，利用主动退让，巧妙借助特殊的词义，肯定对方的荒谬。

表面上看是在向对方示弱，实际上是间接攻击对方的要害。在进攻时，选择好恰当的词语，对于一些具有否定词义的词要加以利用，尤其要留意否定之否定词语的应用，让对手在无形之中受内伤，兵不血刃而赢得最终的胜利。

有一个人得了感冒，到一家医院去就诊，可是去了好几次，感冒始终没有治好，于是他抱怨道："××医院的一些医生真是不折不扣的'南郭先生'。"

这话很快传到了××医院，医生们非常生气，他们觉得尊严受到了损害，因而一致要求对方在电视上道歉，否则就要去法院起诉。

这人担心事态扩大，给自己带来负面影响，于是在电视上道了歉，然而他是这么说的："××医院的某些医生不是'南郭先生'。"

这位名人否定了自己关于这家医院的言论，改成了"某些医生不是'南郭先生'，"表面上看是否定了自己，肯定了别人，而实际上却巧妙地将部分肯定转化为了部分否定，最终让医院哑口无言。

2. 聚焦词语，转移情感

在沟通交流过程中，利用听起来是否定，实际上是肯定的交锋之术时，要把握住和拿捏好词语的情感色彩，在退让中否定自己，肯定他人的时候刻意延长或加重语气，转移词语表达出的情感含义，在否定中暗藏不满，在肯定中包含讽刺。这样一来你的攻势会在无形之中发挥力度，最终扭转局势。

晓晴接到销售主管的吩咐，要她去接待一个大客户，没想到客户在签合同的时候提出了过分的要求，晓晴断然拒绝了客户，单子也没能拿到。之后，销售主管对她吼道："你真是太不懂事了！明明能拿到的单子让你给弄黄了，你知道这会给公司造成多大的损失吗？"晓晴回应说："我当然是'太～'不懂事了，这么'优秀～'的客户，要是你来负责的话，相信你比我做得更'优秀～'。"

面对领导的指责，晓晴通过"'太～'不懂事"来承认自己的错误，实际上却是在肯定自己，而用更“优秀～”来表达对领导的肯定，实际上传达了对领导的否定。而同样作为女人的销售主管，自然明白晓晴话里所指，但是又不好再发作，只能就此罢休。看起来，晓晴输了，而实际上，她是最终的赢家。

什么，一晚上要100美元——言过其实术

在语言交锋当中，有些人本身就有很强的攻击性，如果这时候依照常理回答，势必会走入对方的圈套，让自己受到伤害。此时，最好的回击方式便是跳出问题所限的语言环境，以更加犀利的言辞给出超出常规的回应，从而突破对方的诱导，跳出了语言窘境，把更加难堪和尴尬的局面摆在对手面前，这是一种典型的以强制强的交锋术——言过其实术。

要想更深刻地了解言过其实术，我们不妨来看一个案例。

一个阳光明媚的午后，一位阳光帅气的男生走进了街角的咖啡厅。此时店里客人比较多，男生看到不远处的一位漂亮女孩旁边有个空座位，于是走过去礼貌地问道：“请问小姐，我可以坐在这里吗?”

女孩抬起头，满脸怨气，她说：“你说什么？你要和我交往，要我做你的女朋友？你有精神病吗？你也不看看我是那么随便的女人吗?”

女孩的话仿佛机关枪一样，男生还没有反应过来，已经羞得满脸通红，此时有好多人向他看过来，他急忙解释说：“对不起，我不是那个意思，我只是想……”

没等男生把话说完，女孩抢过话题说：“放肆！你竟然还想带我去红灯区，你太过分了！”女孩的声音很大，咖啡厅里的人几乎都能听到。

看着众人质疑和厌恶的眼光，男孩只好灰溜溜地坐到了角落的位子上。此时，他发现很多人都在对他指指点点。

几分钟之后，男生准备离开。这时，之前的那位漂亮女孩走到男生身边说：“非常抱歉，我是一名心理医生，我刚才那样对你，是因为我在

做一个有关男性遇到意外攻击时反应的课题研究。”

女孩并没有因为道歉而得到谅解，男生白了她一眼，高声地说：“什么，一晚上要100美元？你还不如去抢劫呢！”说完，男生起身离开了咖啡厅，女孩站在那里分外尴尬，因为众人的质疑和指点正在向她袭来。

女孩并没有正面回答男生的问题，而是故意答非所问、言过其实，从而借助舆论的压力对男生进行了一系列的攻击，导致男生遭到众人的指点和嘲笑。当女孩主动道歉时，男生并没有接纳，而是延续了女孩所选择的不实言论的基调，同样采用了言过其实的策略进行了有力的回击，最终将女孩搬起来的石头砸到了自己的脚上。面对女孩的咄咄逼人，男生似乎无法招架，败下场去，但是最终却抓住机会，进行了有力的反击，以其人之道，还治其人之身，赢得了最终的交锋胜利。

从这个案例中，我们可以了解到：在语言的交锋之中，彼此之间的言语交锋也是需要讲究策略的。尤其对于言过其实的交锋之术，更是需要讲究方法和技巧。要想赢得最终的胜利，在气势上压倒对方，关键在于是否能跳出对方所设置的语言情境的限制。因为对方正是利用语言限制给你设置障碍，跳出语言限制就是跳出对手的钳制和诱导，这样才能转移话题，答非所问，以高调来压制对方。当别人的攻击起不到作用的时候，局势就掌握在你的手里了。

从上面的语言交锋案例中，笔者总结和归纳出了以下几点供参考。

1. 偷换话题，夸大焦点

所谓“言过其实”，就是说反击他人的话未必真实，并经得起考究的，目的只是为了显示出对方的说辞并不合理，弱化其凌厉的攻势。在受到攻击时，巧妙抓住对方语言的漏洞，迅速转移话题，并进行夸口和吹嘘，不仅让对方的拳打在了棉花上，而且言过其实的吹嘘是最有力的反击。

两个女孩因为生活上的攀比而产生了口角，女生A说：“你有什么了不起的，穿得再漂亮，也没有人去欣赏你，班里最帅气的男生都围着我转呢，就连男老师都对我照顾有加，你呢？跟我比，不自量力！”

听了女生A的讽刺，女生B并没有因此而退缩，话语一转，说："怪不得了，连男老师都对你有意思，我说怎么老叫你去办公室辅导作业呢。你怎么没一点羞耻之心呢？他们可是你的老师啊，你连他们也勾引，真是不知羞耻。"

女生A听了，气得哭起了鼻子。

女生B遭受到了女生A的言语攻击，她并不理会对方的挑衅，而是揪住了女生A所说的男老师对她照顾有加的话，夸张地说了很多言辞犀利的话，结果让女生A很没面子。这正是言过其实的交锋之术的精髓所在。

2. 主观臆断，强词夺理

在利用言过其实的交锋之术时，还需要注意一点，那就是凭借主观臆断来强词夺理。比如前面故事中的女孩，在接收到男孩的请求入座时，凭借主观臆断，强词夺理将其按着自己的意愿去说，结果男孩百口莫辩，只能忍气吞声。当然这个过程气场要强，不给对方辩解的机会，用强势的说辞把自己的主观臆断灌输在对方的脑子里，这样才能让对方灰溜溜地在你面前认输，而把最终的主宰权交给你。

某男士和女同事之间因为工作的问题发生了口角，男士质问道："你有点素质好不好……"没等男士的话说完，女士气急败坏地吼道："你的素质本来就不好，这一点我严重地同意，跟女孩子推卸责任算什么男人，瞧瞧你那样子，活该找不到女朋友，你还活着干吗？还不赶快去找块儿豆腐碰死算了！"男士根本没有说话的机会，其中几次想要争辩，都被女士打断了，最后只好气呼呼地离开了单位。

因为工作上的冲突，男士说女士没素质，没想到被女士接过话头，进行了一系列言过其实的攻击，在这个过程中女士所说的情况纯属主观臆断，强词夺理，但是却占尽了优势，最后致使男士灰溜溜地败下场去。言过其实的交锋之术，要敢于吹嘘，更要学会以假乱真、混淆视听，以赢取最终的胜利。

根据语境故意错解词义——曲意别解术

不可否认的是，很多词语有多种含义，根据不同的语言环境，有不同的含义。这就为语言交锋提供了很大的便利。在关键时候可以切换词语的使用环境，巧妙转换词意，最终成功转移话题，避实就虚地应对各种语言危机，尤其是遭到别人的言语要挟和攻击时，能起到跳出尴尬、扭转局势的效果。

这就是我们所说的根据语境故意错解词义的交锋之术——曲意别解术。利用这个方法和人进行语言交锋时，关键在于弄明白不同词语在不同环境下的词语意义，以及词语古今含义的变化和词义范围的伸缩等。一旦遭遇言语攻击，可以巧妙转移词语的意义，或者是根据需要扩大或缩小词义，来避开他人的言语攻势。同时，也是对他人最好的反击，利用和把握好词语，尽可能促使最终的局势向有利于自己的方向发展。

利用曲意别解术来进行言语交锋，不仅需要丰富的知识和超强的智慧，还需要严密的逻辑思维能力以及反应能力。

曲意别解的交锋术，重点在于根据语言所使用的环境来曲解他人的意思，目的是转移他人的注意力，避开他人的刁难和陷害，赢得言语上的胜利。在现实生活中，我们如何利用曲意别解术来化解言语的危机，在语言交锋中占尽优势呢?

1. 转移语境，潜移词义

曲意别解术的要点之一，就是在掌握词语多层含义的情况下，根据需要，转移词语使用的外在环境，而潜移默化转换词义，从而跟他人的凛冽攻势打个擦边球，把最终的交锋局势转向有利于自己这边。

在一次国际会议当中，当时的美国总统突然向苏联领导人问道："阁下对于这次会议的具体意见和建议，是否还要听从上头的遥控呢?"

这一句质问确实让苏联领导人感觉到尴尬，这分明是对方在讽刺他没有权力，只是个傀儡。但是他并没有因此而忍受凌辱，他清了清嗓门，说："注意，在这种场合请不要提及我的内人。"对方没占到便宜，只好哑口无言了。

2. 把握词义，收缩自如

在特殊的情境之下，词语的含义会发生伸缩，这也是曲意别解的交锋之术所必不可缺的一个重点技巧所在。尤其是一些存在争议的问题，或者是存在歧义的话题等，关键时候收缩自如，一样能化解言语危机，进行及时反击而赢得交锋的胜利。

某单位的两位同事关系非常恶劣，可以说是死对头。这天A男的妻子闹到了单位，理由是A男存在生活作风问题，尽管是捕风捉影，但是却给B男留下了口实。再一次争执中，B男说："你连跟女人的关系都处理不好，怎么可能把工作做好呢？"A男说："我跟我母亲的关系非常好，用不着你操心，倒是你，到如今还讨不到媳妇，这不恰恰说明你不会跟女人打交道吗？"

B男所指的女人是指A男的老婆，而A男却巧妙地扩大了女人的范围，故意将其引申到母亲的身上，从而躲过了B男想要拿妻子曾经闹到单位的事来攻击他。同时，又反过来把问题的焦点引到了B男身上，实行了反攻，掌控了局势。

3. 洞悉古今，随机应变

曲意别解的交锋之术，还需要注意的方面就是词语的古今意义的变化，在一定的场合下也可以利用古今词语之间的不同意义而进行曲解。当然，在这个过程中要洞悉古今词语的特殊含义，否则张冠李戴，出现错误，在交锋中便会满盘皆输。

张三和李四是邻居，不幸的是张三的老婆在孩子五岁的时候离开了人世。这天，李四和张三发生了口角，李四口出恶言，说："你真是个灾星，把妻子都给克死了。不得好死！"张三气呼呼地说："我的妻虽然离开了人世，但是我的儿子现在正茁壮成长呢。少做点缺德事，小心绝后！”李四结婚两年了一直没孩子，这一下可受不了了。

李四所说的妻子是指媳妇，而张三理解的“妻子”则为妻子和儿子，从而将话题引到孩子的身上，对李四进行了反击，最终赢得了交锋的胜利。

把这头罪恶的小猪变成了大白薯——浑水摸鱼术

浑水摸鱼术是指在语言交锋当中，故意制造和利用词语的误区，让本就对的说辞变得是非不明、模棱两可，然后趁对方意识混乱不清的瞬间，迅速加以言语攻击，让对方自乱阵脚，继而瞠目结舌，变得哑口无言，而失去优势。

浑水摸鱼这个交锋之术的要点在于制造混乱，关键时候用一些特殊情况来否定常态，继而对对方的正确言论进行质疑，目的只是让对方对自己产生怀疑。一旦这种怀疑的念头在对方的脑子里闪现，那么把水搅浑的目的就达到了。对方的内心会因为内外交困而慌乱不堪，而心乱则言乱，最终势必会偃旗息鼓、拱手投降。

为了能更好地展现浑水摸鱼的交锋之术，我们不妨来看下面的这个案例。

有一天，一位非常有名的大亨过生日，宴请了很多客人，其中有一位是教堂的牧师。

宴会分外热闹，大家纷纷上前给大亨祝贺生日。牧师上前吻着大亨的手为他做了祈祷。当牧师祈祷的时候，宴会瞬间变得安静下来，可见，众人对牧师是极其尊敬的。

宴会开始了，牧师坐到了主宾的位子上，可是这天恰巧是大斋戒，按照教义是不能吃荤腥的。这可馋坏了牧师，尤其是桌子中央摆着的一盘油光闪闪的烤乳猪，着实让牧师受不了诱惑。看着众人吃乳猪的样子，牧师都咽了好几次口水了。

当有人招呼牧师吃乳猪的时候，牧师再也忍耐不了了，他挽起袖子，举起手在胸前画了个十字架，指着乳猪喃喃地说：“上帝啊，万能的主，为了我，您已经把这头罪恶的小猪变成了大白薯，但是凡夫俗子怎么会知道呢？只有像我这种——您的仆人才有慧眼，才能发现，请您允许我把这大白薯吃了吧。”

说完后，牧师心安理得地吃起了“大白薯”，众人之前觉得作为牧师，在斋戒期间是绝对不会触犯教义的，当听了他的一番话之后，纷纷夸奖牧师的境界高。

牧师故意说是万能的上帝将烤乳猪变成了大白薯，继而满足了自己的贪欲，但是又没有触犯教义。他借的是上帝的“万能”，硬是把烤乳猪说成大白薯，既然上帝是万能的，当然把烤乳猪变成大白薯就不费吹灰之力了。在这个过程中，是烤乳猪还是大白薯，在众多虔诚的教徒心中已经是模棱两可了，也正是因为水变混了，牧师才吃上了令人垂涎三尺的烤乳猪。

人之所以言辞犀利，攻势猛烈，是因为他所坚持的理论符合逻辑，如果能打乱思维逻辑，则能让对手自乱阵脚。浑水摸鱼的交锋之术，就是制造烟幕弹，模糊对手的思维逻辑，让其产生自我质疑。当真假对错难以辨别时，是最好的攻击时刻，把握时机，往往能颠倒黑白，混淆真假。即便输理也能占尽优势，赢得最终的交锋。

究竟如何更好地在生活中应用浑水摸鱼的交锋之术，我们总结了以下几点供参考。

1．制造迷雾，把水搅浑

浑水摸鱼的交锋之术，关键在于制造混乱，扰乱对方的思维逻辑，让对方的言论失去理论支持，当对手无法说服自己的时候，便会出现言不搭调的现象。而这时候，对方的攻击自然会减弱，甚至消失。从这个意义上讲，制造迷雾，把水搅浑是最好的反击。只有制造更多的麻烦，你才能赢得言语交锋的胜利。

张阿姨跟社区的王大姐因为买菜的事情发生了争吵。她说：“怎么着，你买我就不能买了啊？菜铺是专门为你一个人开的？人家老板专门卖菜给你一人？你讲点道理行不行啊？”

王大姐反击道：“没错，我能买你也能买，但是我选中的菜你不能抢啊，菜店老板也不是专门为你服务的啊，我也是客户，我也有钱，凭什么你就能买到好菜，我就得吃烂菜啊?”

很显然，王大姐有点无理取闹，但是她却故意制造迷雾，把水搅浑，打乱了张阿姨的逻辑思维，在张阿姨词穷的瞬间，王大姐已经赢得了言语交锋的胜利。针锋相对的时候输赢就在于一口气之间，王大姐制造了迷雾，把水搅浑，最终让占据道理的张阿姨反倒无言以对。这就是浑水摸鱼的交锋之术的精妙所在。

2. 混淆真假，理直气壮

利用浑水摸鱼的交锋之术时，要学会混淆真假，因为它能在短时间之内让对手对自己正确的言论产生质疑，同时，也要记得理直气壮，即便明知道自己理亏，也要针锋相对，不能输在气势上。况且，你底气越足，对方对自己的怀疑程度越大，相应地，攻击力度也会随之减弱。从这个角度上来说，混淆真假、理直气壮不仅仅是应对他人的攻势，而且也是最有力的反击。这样，才能更好地赢得言语交锋的胜利。

小狗们不就是你的兄弟姐妹了吗——偷换概念术

所谓偷换概念的交锋术，说的是在语言交锋当中，找到对方攻势的关键词语，然后用相似的概念来混淆视听，把对方说得无言以对，以达到扰乱其思维，混淆其视听的目的。在这个言语斗争的回合中，要清楚对方言论的核心所在，也就是说要找准对方的攻击言语中最有杀伤力的词。

有一位年轻人去拜访一名哲学家，可是等见了哲学家之后，年轻人非常没有礼貌，很显然没有把哲学家放在眼里，他不屑一顾地对哲学家说：“听说你很有名气，我今天就是来见识见识的，你有什么本事就施展出来。”

哲学家微笑着说：“我没什么本事，所以我得向你学习。你能告诉我你们家养狗了吗?”

年轻人回答说：“当然养了，它很凶狠，但是对我很温柔，因为它是我从小到大的伙伴，是属于我的。”

哲学家接着问：“它生养小狗了吗?”

年轻人很自豪地说：“当然生了，它有五个儿女，各个长得都和它很像。”

哲学家笑着说：“这么说来，那条狗是它们的爸爸了?”

年轻人回答说：“是这样的，我亲眼看到它跟小狗的妈妈在一起。”

哲学家继续问道：“它不是你的吗?”

年轻人针锋相对地说：“的确如此，它是我的。”

哲学家说：“它既是爸爸，又是你的，放在一起不就是它是你的爸爸，这么说来，那些小狗们不就是你的兄弟姐妹了吗?”

直到这时候，年轻人才听明白，原来哲学家在骂自己是狗呢。但是却找不到任何可以反驳的语言，于是气呼呼地离开了。在离开的一刹那，他终于明白了哲学家的厉害所在。

哲学家利用了一连串的问题，证明了狗是年轻人的，狗也是爸爸，把两个关系放到了一起，证明了狗是年轻人的爸爸，最终让年轻人无言以对。事实上，哲学家正是利用了偷换概念的交锋之术，把“狗是爸爸”和“狗属于年轻人”叠加到了一起，从而使得“年轻人是狗的主人，狗是小狗的爸爸”这个概念发生了翻天覆地的变化。这是哲学家对于年轻人的傲慢和挑衅最好的反击。

偷换概念的交锋之术，讲究的就是打乱词语的逻辑关系，让对方攻击言论中的关键概念发生变化和转移，你的回应就是最好的反击。对方的思维突然出现逻辑中断，即使想要回击也百口莫辩，这时候局势已经完全掌握在了你的手里，赢得言语交锋的最终胜利也就变得轻而易举。

下面，我们一起来学习究竟如何使用偷换概念的交锋之术来赢得言语交锋的胜利。

1. 伸缩概念，逻辑错位

利用偷换概念的交锋之术时，着眼点在于对方最具杀伤力的词语上，巧妙扩大或者是缩小概念，从而避过对方的言语攻击，造成对方的逻辑错位，以致自相矛盾而语塞，在攻击他人之前无法说服自己而陷入尴尬。即使这种概念的混乱只是一时，但是这也足够让你有充足的时间来进行一连串的反击。对手输了气势，再想对你发动攻击已经没有意义了。

王大妈因为在自家门前的巷道里搭建窝棚而招致了邻居的不满，邻居抱怨道："巷道又不是你家的，你凭什么私自搭建窝棚，影响大家走路呢？"王大妈反击道："也不是你家的啊，你管的哪门子闲事啊？"邻居说："道路是大家的，大家也包括我，我自然要管。"王大妈笑着说："难道我不属于大家吗？既然是大家的，我属于大家中的一员，我为什么不能在属于自己的土地上搭建窝棚呢？"邻居无言以对，骂道："不可理喻！"

王大妈在受到邻居的刁难时，故意缩小了大家的概念，把自己和大家混淆了起来，最终让邻居无言以对。事实上，大家是一个整体概念，而个人是个体的概念，整体概念存在的前提是个体概念消失，王大妈利用大家和个人之间的从属关系，把个体放到整体之中，再用整体的方式表达出来，可以说是缩小了概念，最终赢得了言语交锋的胜利。

2. 叠加概念，牵强附会

偷换概念的交锋之术，还需要学会一点，那就是利用不同范围而又有交集的概念，强拉硬扯放到一起，从而得出与对方的言论大相径庭的结论，这不仅是对对手的回应，也是猛烈的反击，毕竟从逻辑关系上来说有一定的合理性。对手无言以对，只好忍气吞声，把有利的局势拱手相让。这就是偷换概念的交锋之术的优势所在。

有两个学生在争辩，其中一个说："这个足球是属于我的。"另外一个学生不满地说："那除了足球之外，还有什么是属于你的？"前者想了想说："我的书包也是属于我的。"后者说："既然足球也属于你，书包也属于你。那么不就是说书包等于足球吗？既然这样，拿着书包就是拿着足球。你现在已经背着书包，也就是背着足球，那手里的足球对你来说就没有意义了，给我吧。"前者急得说不出话来，但是也只能把足球交给了后面那个同学。

后者正是利用了足球和书包“属于你”这个共性，进而把书包和足球等同起来，从而得出“背着书包就是拿着足球”的结论，那么手里的足球对前者来说就没有了意义。从而利用偷换概念的交锋之术成功赢得了语言交锋的气势，把足球从同学的手里给拿走了。尽管前者非常不情愿，但只能让出足球。

混淆所属，把握谐音——谐音巧辩术

在语言的交锋当中，利用词语发音相同词义不同甚至是相反的词来结束对手的攻击之言，来相互抵触，或者是互相干涉，以达到混淆视听、战胜对方的目的。这就是我们所说的谐音巧辩的交锋之术。它往往能在第一时间给视听带来障碍，把对手的思想和理论引往别处，继而减弱对手言语的力度，同时也是最有力的反击。

利用谐音巧辩的交锋之术的关键在于巧妙应用相同的读音，故意找出音同义不同的词，错解对方的意思，在众人的视听中制造混乱，把他人的注意力引向别处，从而致使他人的攻击失去力度，这也是对对手的否定和反击。这样回应和反击使对手在不知不觉中受到了攻击和伤害。因为谐音，对方更加不好应对，这样能更好地赢得交锋中的优势。

谐音巧辩术主要是巧妙应用相同的读音，故意错解，相互抵触，来制造思维和逻辑的混乱，给对手制造障碍和给予回击。对于这种交锋之术的一些技巧，我们一起来探讨和总结。

1. 拿捏数量，混淆所属

谐音巧辩术，关键在于谐音，音同意则有多解。在他人的言语刁难时，拿捏好数量间的谐音，而故意忽视和混淆归属，拿对方的数量来填充自己的数量，从而让对手百口莫辩。当然，在这个过程中，一定要巧妙利用好相同数量谐音的问题。

一天，走在街上的沙米尔遇到了大财主。

“这样吧，你给我敬个礼，我就给你50金币。”大财主压低声音对沙米尔说。

沙米尔接过钱不慌不忙地放进口袋，说：“现在你有50金币，我也有50金币，凭什么要向你行礼?”

大财主又气又急，一下子把剩下的50金币也拿了出来：“听着，要是你听我的，那我就把这50金币也送给你!”

沙米尔又把50金币收下，接着严肃地说：“好啦，现在你一分钱也没有了，而我有100金币，向我行礼吧!”大财主目瞪口呆。

身无分文的沙米尔，在遇到财主的刁难时，巧妙拿捏金币的数量，把财主的金币放进了自己的口袋，并且颠倒了财主和自己的位置，把财主说得无言以对。在这个过程中，他利用金币数量的谐音，成功地混淆了所属，让财主在不知不觉中受到了来自他的攻击，最终目瞪口呆了。

2. 把握谐音，错乱属性

利用谐音巧辩术来进行语言交锋时，不仅需要把握好词语之间的谐音，而且还要注意谐音词语之间的合理应用，这样才能更为巧妙地利用谐音来回击对手的攻击。否则，即便使用了谐音，也不能自圆其说，反而落下笑柄。

纪晓岚和和珅是乾隆年间当红的两员大官，纪晓岚任侍郎，和珅任尚书。

有一次，两个人在一起喝酒，和珅指着一条狗问道：“是狼是狗?”

纪晓岚非常聪明，自然能听出来和珅的话中之意，于是镇定自如地说：“垂尾是狼，上竖是狗。”

和珅吃了哑巴亏，只好赶紧转移了话题，两人喝起酒来。

纪晓岚巧妙利用了谐音，对和珅进行了反击，其中“是狼”与“侍郎”谐音，“上竖”与“尚书”谐音，巧妙利用动物和官名之间的谐音，避开了和珅的语言攻击，而又进行了适当的反击，让和珅无言以对。

3. 利用谐音，随机应变

利用谐音巧辩的交锋之术，还要注意词语使用的具体环境，要根据环境来随机应变，才能把谐音使用得惟妙惟肖，让对手的攻击找不到着力点而失去作用。当然，在这个过程中，还需要有丰富的生活知识才行。

有个地主有几亩闲置的田地想要租给农民来种，但是要求是每亩地要给一只鸡。农民把鸡藏在了身后，地主说："此地不给农民种。"农民急忙把鸡拿出来，地主改口说："不给农民给谁?"农民问："为什么前后所说的不一样呢?"地主说："开头是无稽（鸡）之谈，后来是见机（鸡）行事啊!"

地主利用谐音，不但为自己挽回了面子，而且也是对农民因为不满而质问的最好的回击。他利用谐音关注了词语使用当中的环境，从而巧妙地化解了来自农民的言语攻击，最终使局势有利于自己。

我搬到他家，他搬到我家——歪打正着术

有个老人非常喜欢安静，可是让他苦恼的是，他的房子刚好处在两个铁匠铺的中间，每天没完没了的打铁声，吵得他心烦意乱，睡眠一度非常差，即便能勉强入睡，噩梦也会接踵而至，后来他因为精神衰弱而住进了医院。

为此，老年人托人向两位铁匠传话，如果两家能搬离这个地方，那是求之不得的好事，搬家的那天，他愿意做东，请两家人吃饭。话虽然说出去了，但是他知道那是不可能的事情，也没抱多大希望。

突然有一天，两个铁匠一起找到了老年人，对他说："我们准备要搬家了，听说你曾经许过愿，要做东请我们吃饭，所以特意来询问。"

老人一听，非常高兴，于是对两位铁匠说："我明天就做东，特意为你们两家送行。"

第二天，老人在不远处的醉仙楼摆了宴席。酒过三巡，菜过五味，老人关切地问："二位要搬到哪里去住啊?"

两人头也没抬，异口同声地说："我搬到他家，他搬到我家。"

老人一听，顿时傻眼了，举起酒杯好一阵子没了表情。但是又不好

发作，只好强颜欢笑，陪着两位铁匠吃完了酒宴，才闷闷不乐地回了家。

老人要求的搬迁，是希望他们搬到别的地方去住，以免打铁的噪声干扰他的生活。两位铁匠故意曲解老人的意思，搬到了对方家，但是实质并没有多大的变化。表面上看，两位铁匠接受了老人的要求，给了他面子，实际上，却用实际行动给了老人有力的回击。老人不但没有远离噪声，反而白搭了一桌酒席。从最终的效果来看，老人才是这场交锋中的输家。

歪打正着的交锋之术，讲的是在与人产生矛盾和冲突，进行言语交锋时，故意把对方所表达的意思曲解，让对手的言语攻势剑走偏锋，对你产生不了伤害。对方想尽办法会让你理解他的意思，而你又会刻意避开对手的诱导和解释。事实上，在这个过程中，对手已经完全转为被动，被你所牵制，而你则由被动转为主动，掌控了局势就等于赢得了最终的胜利。

在故意曲解对方的意思时，越让自己看上去愚笨，越能战胜对方。因为对方想要攻击和伤害你，必须在你理解他的意思的前提之下，如果你不能很好地理解，对手就会想办法帮助你理解，做诱导和提示，甚至为你苦口婆心地解释。往往很多人大智若愚，故意装疯卖傻来回应他人的言语攻击，事实上，这是最好的反击。故意装糊涂，让对手对你无计可施，是故意曲解对方的意思，也就是歪打正着的交锋之术的精髓所在。

歪打正着的交锋之术是最轻松和最容易学习和应用的，因为它是以静制动，只要你心态好，足够的聪明和机灵，就能制敌于只言片语间。究竟它是否真的如所说的这么轻松和容易？如果你想要学习，不妨跟着我们一起来探讨和研究。

1. 装疯卖傻，故意避开

歪打正着的交锋之术，关键在于故意曲解对方所表达的意思，让他的攻击性的言语无法传到你的意识当中。当然这只是你要给对方的错误感觉。也正是因为这样，你表现得越呆傻，对方的压力越大，想要刁难你，首先得让你明白他所表达的意思。在言语交锋当中，尽可能装疯卖傻，可以避开对方所做的引导和解释，让对方无计可施而败下阵去。这样你就能兵不血刃赢得最终的胜利。

某日，阿毛前来拜访自己的好朋友小A，一番寒暄之后，阿毛直奔主题。

阿毛不好意思地说："我最近手头有点紧，不知道你方便帮助我吗？"

小A故意装作不明白说："手脚不方便去看一下大夫，我可以陪你去。"

阿毛很尴尬，但是他做了一番解释，他说："不是，我的意思是我想问你借点钱。"

小A故意推推手说："哎呀，我现在不缺钱，你的好意我心领了。"

阿毛不想就此放弃，继续解释说："是我要问你借钱。"

小A依旧装疯卖傻说："问我什么啊？我对钱了解不多，我可以帮你查一下有关钱币的信息。"

阿毛想要向小A借钱，小A则故意曲解他的意思，用装疯卖傻的办法表现出无法明白阿毛所表达的意思，最终拒绝了借给阿毛钱。很显然，小A是故意避开阿毛所抛来的麻烦而赢得了最终的胜利。

2. 故意打岔，胡乱猜测

利用歪打正着的交锋之术讲究的是故意曲解对方的意思，制造沟通障碍，让对方错误地认为自己的言语攻击无法传达。当然，这个过程中除了被动回答时故意曲解之外，也可以主动出击，采用打岔的方式，故意胡乱猜测对方的真实意图，猜得越离谱，你越占据主动。这样往往能打乱对方的阵脚，让对手不战自败。

有一位老师在教一个叫作比利的学生学习英语。

老师："比利，c-a-t（猫）拼起来是什么意思？"

比利想了想说："老师，我不知道。"

老师想引导比利，于是对他说："你妈妈平日里用什么抓老鼠呢？"

比利不假思索地说："我知道，是抓捕老鼠的夹子。"

老师说："不对，不对，我换种问法，什么动物非常喜欢喝牛奶？"

比利说："是婴儿吗？老师，我弟弟就特别喜欢喝牛奶。"

老师似乎有些不高兴了，说："你真笨，前几天是什么东西把你妹妹的脸给抓破了？"

比利说："难道是我的指甲吗?"

老师接着说："你真让我生气，你看看院子里，有什么动物，告诉我。"

比利："老师，是一只小动物。"

老师："我实在教不了你。"

老师想要让比利说出猫，可是比利却故意装疯卖傻，故意打岔，把老师的意思理解错误，即使最后老师提示他是动物，他也没有回答出猫。最终气得老师放弃了继续教他。可见，故意曲解对方意思的歪打正着术往往能让你转被动为主动，赢得最终的胜利。

天机不可泄露——故作含混术

在语言交锋当中，如果把话说得太绝对，往往会成为别人攻击的焦点，导致不能自圆其说而败下阵来。事实上，这是一种极其愚蠢的做法。在自我表达或者是反击对方时，都不要把话说得太满，多用一些模棱两可的词，即便对方来攻击时，也可以找到自己的退路，不致被逼入死角。但是即便如此，在表达的时候也要做到心中有数，口中有谱，才能在言语交锋中更好地进退自如。这就是我们这里要讲的含糊其词、心中有数——故作含混术。

所谓"故作含混术"，意思是指心里明白，嘴上故意说得含混不清，这不仅能让你游刃有余地应对别人的言语攻击，同时也能随意解释，向对方发起反击。因为它只是个概说，并没有具体到细节上。更为重要的是，对方一般根本无法抓到漏洞和疏忽之处，而你又能根据具体的需要做必要的解释和应用，可以说是退可守、进可攻。在言语交锋当中更不会受制于人，更能发挥作用，赢得最终的交锋胜利。

从前，有三个秀才一起进京赶考。途中听说京城里有一个半仙算卦非常准，于是前去求问。他们付了卦资，然后问道："我们三个人这次赶考，能考中几个啊?"

半仙故弄玄虚，拿出几个铜板摇了摇丢在了地上，然后没有说话，只是竖起了一根手指头。秀才们不明白是什么意思，要求半仙解释清楚一些，半仙说：“天机不可泄露，以后你们自然会明白是什么意思的。”

后来，三个秀才中只有一个考中了，那个人特意带着厚礼前来酬谢，他一见面就称赞道：“先生真是料事如神啊，早就知道三人中我能考中。”说完，他还学着半仙当初的姿势竖起了一个指头。秀才走后，半仙的老婆问他：“你怎么知道他们三个人中能考中一个呢？”半仙笑着说：“你不懂其中的奥秘，我竖起一根指头自有道理。因为它可以做多种解释。如果三个都考中，说明‘一律考中’；要是没有考中，那正好说明‘一律落榜’；如果考中一个，那就是‘一个考中’；如果考中两人，那不就是‘一人落榜’吗？不管最终的结果是怎样的，都在我的意料之中呢。”

半仙在回答秀才们的问题时，故弄玄虚，只伸出一个手指头。不管他们科考的结果如何，他都有理由，能解释清楚。因为他的故作含混术为自己铺开了一张任意解释的网，不管怎么说都能说得过去。也正是因为这个原因，三个秀才才能在科考之后对他心服口服。可见，故作含混术在应对语言危机时能把危机化解在无形之中。这么做既能自保，又能进攻，是典型的打太极的交锋术。

故作含混术的关键在于“含混”，也就是说不管是在遭到别人的言语刁难，还是主动进攻时，都不要把话说得太明白，情感表达得太逼真，要尽可能把话说得似是而非，模棱两可，要把话说成一团“稀泥”，揉过来捏过去都能说，都能成型。如同太极拳一样，没有招式，却防守得当，进攻有力。

故作含混术也有基本的技巧和方法，如果你觉得它对你的生活和工作有帮助，我们不妨一起探讨和学习。

1. 多用概词，勿聊细节

用故作含混术时，关键在于含糊其词，这样能更好地避开对方的凌厉攻势，巧妙化解，让对方的拳头如同打到棉花上一样；同时，又能及时迅速地进行反击，赢得最终的交锋胜利。为确保含糊其词，在表达时，尽可能多使用概述，不要轻易细聊，以免话不到位，给人留下把柄，而受制于人。

两个同事之间发生了冲突，男士对女士不满地说："你看看你，总是把手里的很多工作推给我做，工资一点也不比我少，凭什么啊？"

女士反驳道："你怎么知道我的工资不比你少啊？你查过我的工资单啊？你倒是说啊，说不清跟你没完。"

男士回击说："就几千块钱呗，还用得着我去查你的工资单吗？不管你少干活儿拿了多少钱，反正我多干了活儿却没多拿钱，以后你的工作自己去做，再别往我这里推。"

男士在抱怨女士的时候，把对方的工资说成是几千块钱，而没有说具体的数字，如果这时候男士说的不是概数，而是具体的数字，无疑在面对后面女士的反驳时会把自己推到了死胡同里。含糊其词的妙处就在这里。

2. 言语要浅，词语要谦

故作含混术要求故作含糊，心中有数。这就要求我们在言语交锋当中，不要把话说满，更不要骄傲自大。把话说浅，即使说错话，或者被人抓住小辫子，也能给自己挽回颜面，留个机会。否则，把话说得太满，容易留下把柄和漏洞，一旦被对方攻击要害，便无后路可退，更无招架之力。把话说浅才能更好地赢得主动，获得言语交锋的最终胜利。

在宿舍里，两个男同学之间发生了争执，其中一个瘦高个儿说："我什么都会，什么都比你强！学习比你好吧？体育比你强吧？你说说你还有什么敢跟我比啊？"

矮胖的男生反击道："吹牛皮吧，我就不相信你什么都比我强？你的力气有我大吗？体重有我重吗？"

瘦高个儿支支吾吾地说："这个，这个……"

瘦高个儿把话说得太满，结果遭到了矮胖男生的反击，因为任何人都有自己的优势，即便真的非常优秀，也有不及别人的地方，把话说得太满，容易成为别人攻击的焦点，也不容易进行反击，在言语交锋中很容易处于下风。

言语要浅，词语要谦才能更好地为自己辩解，更好地抵挡他人的凌厉攻势，更好地进行及时的反击。

巧改关键词——移花接木术

在语言交锋当中，巧妙改动关键词语，让对方的言语发生变化，往往能剑走偏锋，避过要害，大大削弱对方语言的攻击力度以及伤害程度，为反击赢得必要的由头。同时也能就此大做文章，把矛头对准对方的薄弱环节，造成对手语言逻辑的混乱和心理的期待错位，进而迅速占据优势，赢得最终交锋的胜利。

利用移花接木的交锋术时，关键在于一个“巧”字，如何改变对手攻击言语中的某个字和词，在不改变大意的前提之下，让具体的含义发生扭转是要点所在。这就需要你受到对方的攻击时，迅速把意思和情感吃透，然后找到攻击的要点和目的所在，找到能“动手脚”的地方，然后加以处理，促使攻击发生偏移。这个过程其实也是对对手最好的反击。

移花接木的交锋术讲究的就是根据想要达到的效果，而在细微之处加以改变，把对方的凌厉攻势转移到别处，同时也能进行有效的回击。当然，更改词义也要改到巧处，既要让对方心服口服，又要堵住他的嘴，让他无言以对。这样才能达到言语交锋的效果，赢得最终的胜局。

那么，在现实生活中，究竟怎样才能利用移花接木的方法获得言语交锋的胜利呢？不妨借助以下几点策略和方法。

1. 抓准要点，暗施“手脚”

移花接木的交锋术，需要抓住对手言语的要害所在，然后巧妙利用词语的“形”适当增加或者是删减，让整个语义发生转移和变化。当然也要弄清楚改变后是否能体现你所要表达的意思，最好能对对方的言语攻击有力地进行回击，把对方说得无言以对，而在言语交锋中赢得先机。

有一年，在江苏省阳澄湖口，有人看到了一具浮尸，这在当地的百姓中间引起了不小的恐慌，因为依照当时的法律，地方要向官府呈报，且按照惯例，得写："阳澄湖口发现浮尸……"这不就是给自己找麻烦吗？因而当地的几户族长聚在一起商量对策，后来他们决定去请师爷帮忙。师爷看了呈报的条子之后，灵机一动，拿起毛笔，在"阳澄湖口"的"口"上加了一竖，变成了一个"中"字，大家一看，字条变成了"阳澄湖中发现浮尸"。偌大的阳澄湖中发现浮尸，与阳澄湖口的百姓自然没多大关系。这样一来，他们的麻烦自然而然地被消除了。

师爷巧妙地在"口"上加了一竖，从而把"阳澄湖口"变成了"阳澄湖中"，使词语的所指发生了重大的变化，进而躲开了官府的纠结和盘问，省去了不少的麻烦。仅仅多加了一笔，就使得整个句子发生了翻天覆地的变化，这就是移花接木术的精妙所在。

2. 把握薄弱，借力打力

使用移花接木术时，还有一点需要注意，那就是抓住对方的薄弱环节，采用借力打力的方式，把对方的话巧妙地接过来，然后改变语序，或者是增减词语，让它变成最有力的攻击言语，而反击回去，让对方搬起石头砸到自己的脚上，往往这时，对手根本无力反驳。最终的胜局自然在你这一边。

有一次，歌德在一条小路上散步，对面走过来一位一直对他持有偏见的男人，他走到歌德跟前，傲慢地说："不好意思，我从来不给傻子让路。"

歌德并没有生气，而是笑嘻嘻地说："我恰恰相反，习惯给傻子让路。"说完，站到了一旁，让这位男士走了过去。对方分外尴尬，迅速逃之夭夭了。

歌德在受到别人言语攻击的时候，巧妙地把对方攻击的语言"我从来不给傻子让路"借了过来，然后加以处理，顺势反击回去，结果让对手哑口无言，匆忙逃离。他因此而赢得了言语交锋的最终胜利。他就是应用了移花接木的方法，把握住对方的薄弱之处，借力打力，实现了局势的扭转。

第二章

直言不讳陈利害，明激暗将催人奋

语言交锋不仅仅是要争高低、论输赢，在一定的场合下，表现出的是对他人的控制和驾驭。尤其是在双方各持己见、不相上下的时候，不妨开门见山，直言不讳，陈清利害。如果有必要，进行激将，刺激他人的自尊心，这会让他们在不知不觉之中受你驾驭和驱使。能让别人顺从本身就是一种交锋胜局。因而，在这一章，我们从直言相激、巧妙诱导的角度出发，讲解一些激言交锋术的方法和策略，如果你正因与人相持不下而烦恼，不妨跟我们一起来学习和探讨。

在军旗上写下“懦夫”两个字——直言激将术

在《三国演义》中，诸葛亮劝说孙权联合刘备来抗衡曹操。在劝说周瑜的时候，他并没有谈时局，而是背诵了曹操写的《铜雀台赋》，当周瑜听到其中的“揽二乔于东南兮，乐朝夕之与共”时，勃然大怒，站起来骂道“誓与老贼势不两立”，从而做了决定力抗曹操。

周瑜为何会勃然大怒，痛下决心抗击曹操呢？这是因为曹操所说的“二乔”中的小乔是周瑜的妻子，被人夺妻，对于一个堂堂的东吴主帅来说是莫大的耻辱，妻子将被人玷污，严重伤害了他的自尊心，这是他无论如何也不能忍受的。

由此可见，当劝说不起作用的时候，适当刺激对方的自尊心，往往能激发他人奋起反抗的雄心。这就是我们这里要提到的语言交锋的技巧——直言激将术。

所谓直言激将术说的是在语言交锋当中，故意用直出直入的言语贬低对方，刺激他人最敏感的那根神经，继而让对方感觉到羞辱，为了维护自己的尊严而有所作为，力图证明自己并非别人口传的那么糟糕。对方摩拳擦掌时，也是激将取得成效时。而此时内心所产生的强烈愿望往往使对方的潜力进一步被激发出来，继而为了捍卫尊严而不惜一战。

欧洲反法同盟向法国本土发动了疯狂的进攻，两个担任防御任务的团却因为士气低迷而纷纷溃败，导致阵地失守。拿破仑得知后暴跳如雷，他叫来了传令兵吼道：“把这两个团的士兵给我集合起来！”

很快士兵们集合到了拿破仑的面前，各个小心翼翼地看着统帅，大气都不敢出。拿破仑双手交叉，抱在胸前，在队伍面前走过，他愤怒地斥责道：“你们不应该丢掉阵地，因为你们还不清楚要夺回阵地要流多少血。”

士兵们惭愧地低下了头，拿破仑转身对参谋长说：“参谋长阁下，请你在这两个团的军旗上写下‘懦夫’两个字，他们以后再也不属于骄傲的法兰西军队了。”

士兵们一听，顿时傻眼了，有的号啕大哭起来、有的捶胸顿足，还有的高喊着“抢夺阵地”“报仇雪恨”的口号，其中有人激动地说：“统帅，我代表全体将士，请求再给我们一次机会，我们要证明自己并不是法兰西的耻辱！”

这时候，拿破仑双臂高举，大声喊道：“刺破敌人的胸膛，扼住他们的喉咙，把侵略军给赶出去，把阵地夺回来！我拿破仑手下没有孬种！”

随后，两个军团向失去的阵地发动了冲锋，在敌人疯狂的火力下，硬是完成了不可能完成的任务，把阵地重新夺了回来。而且越战越勇，吓得敌军落荒而逃。

士兵们因为士气低迷而丢掉了阵地，拿破仑准备在他们的军旗上写下“懦夫”，这严重地伤害了他们作为军人的最起码的尊严，因此每人都热血沸腾，想要洗刷耻辱。也正是他们的自尊心被激起的缘故，在随后的战斗中，他们拼命杀敌，重新夺回了阵地，证明了自己并非懦夫。如果不是拿破仑直接贬低他们，伤了他们自尊，或许就是另外一个结局。

在利用直言激将术时，关键是找准对方的敏感神经所在，也就是说对方最在乎什么，在什么地方会投入更多的情感，只要巧妙找出对方的敏感神经，就会迅速调动起对方的情绪以及潜力，而这时所激发出来的捍卫和反击的决心往往很大，而不会轻易动摇。

尊严受到侵犯、人格受到诋毁往往是一个人所不能容忍的，因为这是人最起码的底线受到了挑战，这不但是为了证明自己，更是为了争回颜面，因而他便会奋起反抗。这就需要在利用直言激将术的时候适当损毁他们的人格和尊严，当然不是说要你去伤害别人，而是利用你的嘴，巧妙刺激他人的心，让对方积极调动自己的潜力来捍卫尊严、捍卫荣誉。

直言激将术的交锋技巧，我们在生活中该如何把握和应用呢？在这里，简单介绍几点经验和技巧。

1. 看准时机，抓住要害

直言激将术，主要是通过言语的交锋，激发对方的反抗和奋进的心理，进而让其被你驱使和驾驭。关键在于看准出言相激的时机，最好在对方忍辱负重而又不知所措的时候，也可以是对方拱手投降，或者是自甘堕落，即将放弃抗争的时候。用激言给他人打强心针，调动起积极性，进行迅猛的反抗和回击，以此而赢得最终的胜局。

某男生平日里非常懦弱，经常被坏人欺负，而他从来不敢和他们对抗，只在私底下一个人生闷气。一次，他和女朋友正在小花园散步，一个人走过来，对他的女朋友无礼，根本没把他放在眼里，面对女朋友的无助，他低着头悄悄地躲到了一边，这时候，有人骂道："你还是个男人不？要是个男人就冲过去救你女朋友啊！真是丢人啊，我要是你早撞死了！"这时候，只听一声大吼，该男生紧握着拳头，上前就是一拳，和坏人打在一起，尽管最终他被痛扁了一顿，但是救了女友。

在女朋友受到非礼时，该男生胆小怕事，选择了逃避，后来被人出言相激，调动了本有的血性，最终他冲上去将女友救了出来。如果没有别人出言相激，或许该男生永远也没有勇气去救女友。可见，出言相激，要看准时机，抓住要害，才能起到激发对方的目的。

2. 把握火候，进退自如

直言相激术，关键在于"激"，也就是说所说的话要能让对方感受到来自你的歧视和嘲笑，从而让对方的自尊心受到伤害，继而做出奋起反抗的举措。在这个过程中，语言火候的把握至关重要，不能过重也不能过轻，重了容易引起别人的记恨，轻了不能起到相应的作用。话要说到刚刚好才行，这就需要在把握语言火候上多下功夫。

王毅不知为何，最近突然迷上了网络游戏，好几天都逃课去网吧，直到老师找上门来，爸爸妈妈才知道这件事情。对于家庭贫困的王毅来说，他是全家的希望。妈妈苦口婆心地说："我们的辛苦难道你看不到吗？你对得起死去的姥姥姥爷吗！”王毅立即跪在了妈妈面前，痛哭流涕表示自己一定奋发图强、努力学习。

妈妈得知王毅沉迷游戏，荒废了学业，出言相激，让王毅认识到了自己的愚蠢和错误，继而产生了发愤图强、努力学习的念头。也正是因为妈妈的话火候把握得好，促使王毅有了下跪认错的举动。如果这时候妈妈严厉斥责，爸爸暴力相加，则很有可能让王毅产生逆反心理而继续沉迷网游。

想必比你更能驯服犯人——旁敲侧击术

在语言交锋当中，尽管你言辞犀利，但是对方却无动于衷，事实上，局势仍然掌握在对方的手里，因为你的游说没有起到任何的作用。与其好言相劝，甚至恳切相求，不如故意当着对方的面来夸奖他的对手，利用对比巧妙暗示他不如对手，在无形之中触及他最敏感的那根神经。他为了争口气，赢回面子，也是为了证明自己不输于别人，而被你所驱使。这就是旁敲侧击术的结果。

艾尔·史密斯曾经担任纽约州的州长。当时，纽约州一个叫星星的监狱非常难管，监狱里各种斗殴和骚乱非常频繁，前几任狱长不是辞职就是被撤职了。因此，史密斯想物色一个能镇得住犯人的人来担任狱长。

经过筛选，史密斯把目光锁定在一个叫刘易斯的人身上。此人是越战退伍老兵，性格刚毅，身体强壮，更主要的是善于格斗，几乎没有遇到过对手，看来只有他能让那些罪大恶极的犯人遵守规矩。

于是他找来了刘易斯，问道：“我想让你担任星星监狱的狱长，你觉得能胜任吗？”

刘易斯有点犹豫，因为他也知道这是个非常棘手的差事，于是说：“不，我干不了这个，你还是找别人吧。”

史密斯说：“看来你是有点害怕了，我能理解，毕竟面对的是十恶不赦的一伙人，看来需要一个真正的不畏艰难的男子汉才行。”

刘易斯没有说话，准备离开。这时候，史密斯说：“如果你觉得不能胜任，那么我只能去找爱德华了，他勇敢睿智、胆大心细，退役之后还没有人能打赢他，想必比你更能驯服犯人。”

听到爱德华的名字，刘易斯突然停住了，因为这个人曾经总是跟他作对，被他教训过，为此他记恨在心，彼此斗了很多年。“自己不敢接受的挑战，如果被爱德华做好了，那不就证明自己不如他吗？输给谁也不能输给他啊。”想到这里，他转身对史密斯说：“好吧，我接受你的提议，去担任星星监狱的狱长。”

正如史密斯所预料的一样，刘易斯把监狱管理得非常好，成为星星监狱史上最有名的狱长。

事实上，刘易斯本不愿意去做星星监狱的狱长，史密斯当面夸奖他的对手能力超群，胆量过人，无疑刺激了他的自尊心，为了证明自己，刘易斯最终接受了这个并不好做的工作。在这个过程中，史密斯成功地利用了旁敲侧击术，最终让刘易斯改变了原来的主意，而顺从了他。如果不是这般旁敲侧击，刘易斯无论如何也不可能被他驾驭。

在利用旁敲侧击术时，不是去贬低对方，而是利用夸奖别人，用对比让他感觉到不受尊重，从而刺激他的自尊心。为了证明自己比别人强，即使他再不愿意去做的事情，也要力争做好。在他人为了满足内心的虚荣，为了保存面子而和别人争强好胜的时候，事实上他已经被你所驱使，而你也就成就了言语交锋的胜局。

用旁敲侧击术时，对所要夸奖的“旁人”要有选择，一般被夸奖的人要和对方存在竞争，而且能力在伯仲之间的人最合适，这样更容易刺激对方的求胜心理。除此之外，也可选择能力以及各方面都较差的人，让对方因为受到羞辱而奋起捍卫尊严。对于强者的夸奖会让旁敲侧击术失去作用，认清事实的差距会让人保持清醒，而不会轻易被人蛊惑。

旁敲侧击术在关键时候，尤其对于一些心高气傲的人更为有用，它能让他们为了虚荣心，为了面子和尊严，而去证明自己。他们在意气风发的时候，殊不知早已经被人所驾驭和驱使了。在现实生活中，究竟如何去利用旁敲侧击术来激发他人呢？以下几点建议和意见，仅供参考。

1. 巧夸对手，暗贬无勇

在旁敲侧击术中，巧妙抓住人的好胜心理，利用夸奖对手来暗贬他人缺乏勇气，不敢接受挑战，以此来刺激他人强烈的自尊心，促使对方奋起捍卫自尊和颜面而接受挑战。在这个过程中，如果瞅准对方的性格弱点，故意在夸奖对手的时候有所提示，则能加强刺激作用，让对方更加迅速地转变态度，而最终被你驾驭。

小单的乒乓球打得非常棒，几乎跟隔壁班的小丫不相上下，因而在比赛中两人的争夺往往非常精彩。这天，系主任找到了她，对她说："小单，我们决定让你代表学校参加比赛，你准备一下吧。"

小单："主任，比赛场上高手如云，我可不想去丢人。"

主任："小丫胆大心细，无所畏惧，打球当中攻守做得非常到位，如果她去的话可能会拿奖牌的。"

小单说："主任，还是我去吧，我一定不负你的厚望，挣得奖牌回来。"

主任在劝说小单参加比赛的过程中，并没有动之以情，晓之以理，而是采用了当面夸奖旁人的手法，尤其夸奖的是她的对手小丫，这对小单来说简直就是羞辱，也正是因为这个原因，小单改变了主意。由此可见，在利用旁敲侧击术时，巧夸对手，暗贬无勇的策略是个不错的选择。

2. 多赞弱者，暗示无能

在利用旁敲侧击术时，除了夸奖对手来形成反差外，还可以拿弱者来做文章。夸奖弱者的能力，无形之中就是对旁边的强者的羞辱。这是很多生性要强的人都无法接受的。事实上，这也是他们的软肋所在，会让他们为了维护颜面和声誉而改变主意去接受挑战。当对方紧握拳头，发誓要证明给你看时，你的旁敲侧击术已经取得了成功。

小强："妈妈，我根本不是学钢琴的料，我再也不想去音乐学院了。"

妈妈并没有指责他，而是对他说："你看看电视上的那个和你差不多大的孩子，两只手都没有，却在非常努力地用脚学习弹钢琴，而且表现得还那么优秀，真是个好孩子，意志太坚强了，太伟大了。”

小强：“妈妈，我还是去学习钢琴吧，我有手有脚，绝对不会输给他的。”

听到小强的借口，妈妈没有批评他，而是当着他的面夸奖电视中的没有手却弹得好钢琴的那个孩子，进而刺激了小强，为了在妈妈面前挽回颜面和自尊，他发誓要奋发图强，努力学好钢琴。妈妈很好地利用了旁敲侧击术，尤其夸奖了身残志坚的同龄人，这让小强大受刺激，故而改变了主意。

您之前在美食比赛中获得过一等奖——暗语激将术

暗语激将术，指的是不直接对他人进行贬低，而是有意识地褒扬对方的光荣过去，让其感受曾经的辉煌，继而和自己的现状产生鲜明对比，从而产生想要奋发图强、改变自己的念头，对方所采取的行动恰恰就是你所希望的。在这个过程中，你需要做的只是对他人的辉煌历史进行夸奖和赞美，而且，不容置疑的是，对过去的肯定越大，相互之间的对比差距也会越大，被激发的潜能也越大。

暗语激将术的关键在于“暗”，也就是说通过夸奖和赞美来达到责备和批评的目的，是通过充分肯定对方的曾经，而把对现在的不满之情表达出来。这种激将法相对来说比较委婉和含蓄，尽管力道上不如直言激将术，却能收到比之更好的效果，因为这种改变的愿望发自内心，而不是被人要求和强加，执行的力度会大大增强。这也让驾驭和驱使变得更为隐蔽。

为了能更好地理解这种暗语激将术，我们不妨一起来看下面这个案例。

查尔斯是某餐厅的厨师长，负责后厨的所有事务，包括菜肴的制作。可是不知为什么，最近餐厅的生意惨淡。经过一番走访调查之后，餐厅的经理罗斯福找到了真正的原因，那就是餐厅的菜越做越糟糕。

为此，罗斯福把厨师长查尔斯叫到了办公室，对他说：“我尊敬的查尔斯先生，您之前在纽约州最出名的维多利亚大酒店当主厨，并在美食比赛中获得过一等奖，是这样的吗？”

查尔斯高兴地点点头说：“是的，先生，是这样的。”

罗斯福继续说：“在得奖之后，很多全球著名的大酒店先后都以重金挖你过去，其中不乏一些比较有名的历史名店，比如凯拉若斯大酒店，是这样的吗？”

查尔斯点点头说：“是的，先生，不过那都是很久之前的事情了。”

“还有，”罗斯福接着说：“在肯尼迪总统在任期间，你是总统府的厨师，主要负责总统先生的日常饮食以及宴会的所有菜肴，是这样的吗？”

查尔斯点点头说：“没错，先生，你说得一点儿也没错。”

接着罗斯福把调查报告表递了过来：“那么，现在呢？你能解释一下为什么吗？”

查尔斯接过调查表看了看之后，说：“抱歉，先生。”

罗斯福没有再说什么，拍了拍他的肩膀走出了办公室。

从那之后，查尔斯亲自下厨，没过多久，往日的顾客慢慢地又回来了，生意自然越来越好了。

面对查尔斯的无所作为，作为餐厅的管理者，罗斯福并没有直接批评和责备他，而是通过表扬和肯定他的辉煌历史，让查尔斯在得到肯定之后，又重新回归到现实，清晰地认清了自己现在的无所作为的状态，继而产生了巨大的心灵冲击，这种冲击不仅仅是从对比中看到了自己的糟糕，更主要的是被否定之后，自尊受到了严重摧残。也正是因为这个原因，他才会痛下决心，想要挽回尊严，找回荣誉。事实上，这正是罗斯福想要的。

暗语激将术的使用中，不用把话说得太明白，只需要把对方的辉煌历史搬出来并加以赞扬，然后引导对方正视现实，让对方自己发现问题所在，这不仅是给他人留了面子，而且也不会因为贬低和否定的言语太过激烈而遭到抵触和对抗。这种让人自我反省所产生的力量将会更大，也更能接近他人的期望值。

那么，在现实生活中，究竟如何利用暗语激将术来在交锋中胜出呢？

1. 提及辉煌，诚恳赞扬

在使用暗语激将术时，提及对方的辉煌过去是必须的，在把过去提出来之后，及时给予肯定和认可，有必要给予适当的赞扬，让对方在表扬当中不断增强自我认知，使内心的虚荣得到最大化的扩张。这是暗语激将法的前提和基础，有了这个基础，才能更好地实现暗语相激，也才能更好地让对方顺着自己的意愿来行事。

洋洋今年上六年级，可是最近学习成绩却大不如从前。为此，一天妈妈将她叫到了跟前，说：“洋洋，我记得你在一年级的时候可是全班第一名，是不是？”

洋洋回答说：“是的，妈妈。我还被老师表扬过呢。”

妈妈：“是啊，那时候的你可真棒。可是，现在呢？”

洋洋惭愧地低下了头。

第二天，洋洋起了个大早，去读书了。

妈妈并没有批评洋洋，只是提及她一年级时是全班第一名的事实，并且给予了表扬和肯定。有了这个基础，后面妈妈不用多说话，洋洋感觉到惭愧，产生了想要做回第一名的愿望，并且付诸行动。这正是妈妈所期望看到的。

2. 峰回路转，点题现状

在使用暗语相激术时，关键在于第二步，也就是峰回路转，点题现状。只有实现了这一步，才能真正将目光引到现实中来，才能让对方再重温辉煌的美好感觉中发现糟糕的现状，才能产生巨大的心理落差，想要重新找回属于自己的尊严和面子，才会产生奋发图强的想法和采取相应的举措和行动。

某男生岁数不小，可是整天沉迷于网络，不思进取，不但工作没有起色，而且还要靠爸爸妈妈来养活。为此，一天，爸爸对他说：“孩子，你上学那时候，可是班里的尖子生，甚至在全校都有名啊！”男生笑着说："当然了，爸，你儿子可是有用之才。"爸爸说："是啊，老爸以你为骄傲。"男生："当然了，虎父无犬子嘛！"爸爸峰回路转："那么，你现在呢？"儿子羞红了脸，第二天，便不再沉迷网络，一心投在了工作上。

爸爸在使用激将法让那个男生能有所长进，但是他并没有批评和指责他，而是提及了他上学时期的辉煌成绩，并给予了肯定和认可，然后话语一转，把谈话的主题转到了现实中来，让儿子自己去反省，最终达到了他预想的效果。

别吹牛了吧，那是不可能的事情——激言诱导术

第二次世界大战期间，美国军舰击沉了一艘德国潜艇，并俘获了指挥官汉斯·克鲁普中尉。他不仅是潜艇的指挥官，而且参加过感音鱼雷的研究和设计，美军要想得到相关资料，只能从他的口中得知，因为新式鱼雷已经随着潜艇葬身大海。

具体负责审问的是美国海军军官泰勒上尉，他了解到汉斯是个性格倔强的人，因而对他非常友好，并且当作朋友一样善待。时间不长，汉斯开始对泰勒产生了好感。

一天晚上，泰勒邀请汉斯到家里下棋，两人非常有话聊。在谈话中，汉斯突然想到了自己是俘虏的身份，于是问道："你为什么不审问我啊？"

泰勒只顾着下棋，头也没抬地说道："你只是一个普通的俘虏，没什么好审问的。"

汉斯非常不满，他说："我是一名优秀的经过专门训练的鱼雷专家。"

泰勒不屑一顾地说："德国的海军在世界上根本就排不上号，有什么好审问的啊。"

汉斯非常生气，拍着胸脯子说："我们不仅有鱼雷，而且我们的感音鱼雷要比你们的鱼雷先进得多。"

泰勒故作惊讶，他说："别吹牛了吧，怎么会有感音鱼雷呢！那是不

可能的事情。”

汉斯再也控制不住自己了，他说：“真是少见多怪！”说完，拿过纸笔，画了一张感音鱼雷的草图，并且指出了它的奥妙所在。

这天晚上，两人的交谈非常愉快地结束了。美军得到了感音鱼雷的第一手资料，并且找到了应付的办法，在战争中避免了吃大亏。

泰勒想要通过审问从汉斯那里获得有关感音鱼雷的第一手资料，但是他的审问并不是通过质问和强迫来达到目的，而是故意小瞧和漠视汉斯，达到对汉斯的羞辱，刺激他强烈的自尊心，从而让汉斯急不可待地说出了一切来证明自己的身份和能力。

这个过程中的关键在于一个“导”字，通过漠视引起汉斯质疑，在质疑中故意诱导汉斯说出身份，继而采用小瞧他的能耐的方法，刺激他说出军事秘密，然后故作惊讶和怀疑，引诱他把细节说了出来。整个过程，没有半句审问，完全是汉斯在自尊和虚荣心的作祟下，心甘情愿说出来的。这就是激言诱导术的精妙所在。

激言诱导术是指在语言交锋当中，通过否定和质疑，刺激他人的自尊，促使对方产生想要证明自己的想法和念头。在这个过程中，要通过合理的诱导，一步步把对方因为受到质疑和羞辱所产生的不满和个人的尊严、面子，甚至荣誉等联系起来，让其按照事先设计的方向前进，最终被驾驭和驱使。

在利用激言诱导术来交锋时，手段并不重要，是采取直接贬低，还是漠视小瞧，要根据具体的人和环境来定，不能生搬硬套，更不能牵强附会。目的是要让对方感觉受到了羞辱和歧视，经受被否定和质疑的痛苦，继而产生想要证明自己的愿望。当然，适当的时候需要一些及时的诱导，把他人内心的不满情感转化为动力，这种内心的伤害越重，爆发的潜力越大，越容易被人煽动，遭人驱使。

对于激言诱导术，究竟如何才能做到激中有导，又如何调动对方的热情？这在实际操作中并不是一件容易的事情，我们不妨借助以下几点经验，来更好地学会使用这种激将法。

1. 激言伤害，合理诱导

在激言诱导术的使用当中，首先要做的是利用犀利的言辞，对他人进行贬低，进行否定和质疑，让你的言语和对方的自我认知之间产生错位，从而给对方的自尊带来伤害。在此时，要进行合理诱导，把这种内心的情感伤害带来的悲痛化为力量，继而引导对方采取积极措施来证明自己，最终一步步走到你事先设置好的路上来。

2. 漠视小瞧，调动热情

使用激言诱导术来驾驭别人时，故意对他人的身份和地位采取漠视和小瞧的态度，对他人的能力和成就怀疑和否定，这是最致命的刺激，是对对方既有认知的完全否定。此时，一般人都会想办法证明自己并非如他人所说，也恰恰在这个过程中，热情被调动起来了，对方也成功被驾驭了。

小敏被安排与一位眼镜男相亲，两人聊了很多话，小敏始终没有问及对方的现状。眼看着到了两人分开的时候了，男生问道：“你怎么不问问我的情况啊?”

小敏无所谓地说：“你要是想说，自然会告诉我，要是不想说，我问了又有什么用呢?”

男生说道：“我叫张扬，在一家银行上班，家里的情况是这样的……”

小敏无所谓地说：“其实你不说我也不介意。”

小敏采取冷漠小瞧的态度，让自以为是的张扬受到了刺激，想要极力强调和证明自己，继而主动向她介绍自己，小敏最终把主动权抢夺了回来，这正是她所渴望的。很明显，在这场交锋当中，小敏是最终的赢家。

他和楚怀王一样昏庸，你再死也不迟——对比激言术

在言语的交锋当中，如果遭到别人的刁难，直接和他针锋相对，不但达不到干扰的目的，而且还有可能言穷词枯，让他人占尽上风。相反，这时候如果能巧妙借助案例或者典故，利用正反对比制造反差，或者巧妙假借事实，而延伸到名人的成功或者失败，用权威来进行反击，从而让对方无法站立，促使博弈的局势向有利于自己的一方转换，最终达到战胜别人的目的。这就

是我们所说的对比激言术。

清朝著名的才子纪晓岚非常善于雄辩。有一次，乾隆皇帝想考验纪晓岚的才华，笑着问："纪卿，你觉得'忠孝'二字该作何解释啊？"

纪晓岚毕恭毕敬地说："君要臣死，臣不得不死，是为忠；父要子亡，子不得不亡，是为孝。"

乾隆笑着说："那好，现在朕要你去死，你可愿意？"

纪晓岚跪拜说："臣领旨！"

乾隆说："纪卿，那你打算怎么个死法呢？"

纪晓岚想了想说："我打算跳河。"

说完后，纪晓岚径直走出了门外。乾隆知道纪晓岚绝对不会真跳河自尽，于是耐心地等着他。

几分钟之后，纪晓岚回到了乾隆跟前。扑通一声跪在地上说："臣万死，没死成。"

乾隆笑着说："为什么没死成呢？"

纪晓岚说："臣碰到了屈原，他拦着不让臣死。"

乾隆疑惑地说："此话怎讲？"

纪晓岚煞有其事地说："我刚到河边，正准备往下跳，屈原从河里面站了出来，他说，'老纪啊，你这么做是大错而特错的。想当年我主楚怀王昏庸，我不得不死。可是如今的皇帝如此圣明，你为什么还要死啊？我觉得你应该去问一问皇上是不是昏君，如果他和当年的楚怀王一样昏庸，到时候你再死也不迟啊！'臣想了想他说的很有道理，所以臣就回来了。"

乾隆皇帝哈哈大笑，说："纪卿不愧为天下第一才子啊。"

很明显，乾隆是根据纪晓岚提出的"君要臣死，臣不得不死，是为忠"之论叫他去死，使纪晓岚临阵进退都无道理。而纪晓岚则巧妙借用屈原和楚怀王的案例和现实形成了对比，他用屈原的死来指出楚怀王的昏庸，又借屈原的口向皇帝发问，从而把压力推到了乾隆身上。皇帝如果再让他去死，无疑搬起石头砸自己的脚，说明自己很昏庸，为了证明自己圣明，皇帝只能不准他死，在这个过程中，纪晓岚利用对比激言术拯救了自己的性命。

在用对比激言术时，要把目光放在问题的对立面，通过反面案例进行剖析和论证，利用正反相对来凸显差异，抑或故意扩大对方所述问题的“度”，并举出相应的案例，尽可能让其变得可笑和荒谬。前者呈现出的态势是，先证明与对方对立观点的正确来显示对方观点之错误，而后者则是故意曲解对方观点，然后证明其错误，来证明自己观点的正确。事实胜于雄辩，在无可争辩的事实面前，即便对方再强势，也不得不败下阵去。当然所找的案例最好是经典或者是关乎名人的，确保有一定的说服力。通过对比能让对错表现得更加清晰，对制胜有更强的作用。关键时候能促使论战局势转换，以交锋之术来扭转乾坤，在气势方面占尽优势，从而夺取辩论的胜利。

那么，到底如何才能利用正反比较制造反差来实施对比激言术呢？

1．寻找极端，连续发问

对比激言术的交锋技巧，就是利用对比来扩大差异，以达到让对方相形见绌的目的，从而在气势上占据上风。利用这个技巧时，可以把对方的理论故意推向极端，然后引入相应的案例，用事实进行有力的攻击，从而让对方不战自败。

在儿子考大学的问题上，父子俩为选择省内大学还是省外大学的事情争辩不休。父亲说：“你跑那么远去干什么？在外面要是出了事情谁来给你摆平，在家这边，亲戚朋友多，啥事都不怕。”

儿子抓住了父亲言论的不周之处，将之进行了放大，他反驳道：“您所说的出了事情是什么啊？是杀人放火还是抢劫银行啊？您当年一个人出去闯荡，是否干过这些勾当啊？您当时需要别人的帮助了吗？”听了儿子的一连串发问，父亲无言以对，只好同意了儿子的决定。

父亲想要劝服儿子，结果被儿子抓住了漏洞，用一连串的反问，把火引到了父亲身上，结果让父亲哑口无言，最终赢了这场争论。

2．假设场景，引例入局

在利用对比激言术来进行交锋时，有时候还可以假设场景，把经典案例引入形成对比，或者是把名人引入现实之中，从而根据名人的性格来推断所要做出的行为，从而让气势有利于自己。

某女老师对待学生比较和蔼，结果总有一些调皮捣蛋的男学生给她捣乱，一次，她把一位捣乱的男学生叫起来批评道："你怎么回事，手里拿的是什么东西？"男学生争辩道："是我的铅笔盒，老师，你需要啊？"女老师气愤地说："我看你是个孩子，不愿意伤你自尊，要是你的爸爸站在我的这个位置上，或许给你的就不是质问了！"男学生惭愧地低下了头。

这位女老师在遭到男同学的争辩之后，假设了他在家里被父亲责备的场景，把男同学的父亲引入了这个场景中。通过对比，告诉男同学如果他是向父亲顶嘴，会瞬间受到惩罚，从而表达出自己已经是够仁慈的了。利用对比让男同学认识到了自己的无知，而低下了头。女老师的引入和对比，收到了不错的效果。

危险了！危险了——危言耸听术

在言语交锋当中，很多人以可能性为依据，把别人的某些想法和做法所产生的后果进行无限放大，用极力夸张的手法故意把问题说得很严重，使得他人心有余悸、震惊愕然，以此来引起对方的恐慌和畏惧，继而改变言行，选择更为合适的方法和措施，最终巧妙实现对他人的引导和驾驭。这就是我们所说的危言耸听术。

在运用危言耸听术与人进行交锋时，关键在于一个"危"字，把结果说得越夸张，所产生的恐慌和顾虑会越大，对方改变言行的可能性也会增强。当然，在这个过程中，说话要斩钉截铁、一语惊人，万不可含糊其词、拖泥带水，而减弱对他人心理的震慑力。如果有必要，配合适当的表情和手势，则能取得更好的效果。

要想让危言耸听的交锋手法能够成立，还有个前提，那就是危言的来源"可能性"，对于他人的观点和行为的风险评估，往往表现为顾虑和担忧。危言无非是以这种可能性为基础，夸张了所带来的后果，增大了风险的概率，给他人增加了心理负担。在权衡利弊时，促使对方在不知不觉中按照你的意愿去思考和行动。

战国时期，有个奇丑无比的女人叫作无盐，她求见齐王希望能被纳为嫔妃。齐王见她相貌丑陋，便故意说："我宫里的嫔妃已经齐全了，你想进入我的后宫，那么你有什么特殊的本领吗?"

无盐说："我只懂一些隐语而已。"说完，她举目龇牙，挥了四下手，然后拍着膝盖，高声喊道："危险了！危险了！"并且连续说了四遍。

齐王赶忙追问究竟是什么意思。无盐解释说："举目主要是替大王观察烽火，龇牙是替大王惩罚那些不停劝谏的人，挥手则是帮助大王赶走奸邪之人，拍膝是为大王拆除游乐的台。

齐王听着有理，急忙追问："那么，你的四句'危险了'究竟是什么意思?"

无盐说："这第一危险，来自西秦和南楚，再加上大王又爱听奉承的话。第二个危险则来自您大兴土木，高筑渐台，聚集大量金玉珠宝，让老百姓怨声载道。第三个危险则来自贤明者躲在山林，奸邪的人在朝廷。第四个危险则是您每天游玩，不作为。"

齐王听完之后，一声长叹，说："无盐的批评真的是太深刻了，我还不知道自己已经处于这么多的危险之中啊。"

于是，齐王将无盐纳为王后，齐国就此迅速发展起来。

无盐劝说齐王时，并没有采用动之以情晓之以理的办法，而是故弄玄虚，以自己懂隐语为后面的夸张行为做了铺垫，用四句夸张的"危险了"增加了齐王内心的担忧和顾虑，然后再逐一说了危险所产生的"事实依据"，让齐王产生了畏惧和惊慌，最终得以让齐王改变主意，把她纳为王后，实现了对齐王的驾驭，赢得了最终的交锋胜局。

利用危言耸听术时，夸张的论述往往能起到震慑人心的目的，但是也要有所依据，有所控制，不能凭空捏造，更不能信口胡说，以免引起别人的怀疑而降低了其担忧。当然，要学会利用严谨的逻辑推断来增强可信度，把话说得有理有据，让他人因为深信不疑而恐慌和害怕。在这个过程中，他人便会不知不觉按着你的想法去行事了。

危言耸听术能让人产生畏惧之情而改变初衷，但是如何巧妙利用危言耸听术的技巧在现实生活中赢得主动却不是一件容易的事情，以下几点建议或许能帮助你。

1. 紧扣逻辑，拿捏危言

利用危言耸听术来扭转他人选择，通过严密的逻辑推理，挖掘危言的可能性，继而进行夸张渲染，给众人制造心理压力，从而促使对方放弃初衷而顺着你的意愿来行事。在这中间，紧扣逻辑是必要的，在吹嘘危言时也要拿捏好分寸，避免逻辑被人轻易推翻，同时也要考虑到危言的可信度。

在选择工作的问题上，雯雯跟爸爸之间产生了分歧。爸爸说："我还是觉得你选择一份稳定的工作比较好，解决生存才能求得发展。"雯雯很不高兴地说："爸爸，人有惰性，一旦工作稳定了，就意味着会放弃挑战自己，这样会一生平庸的。"爸爸不再言语了，很显然，雯雯的话让他有了转变。

在和爸爸的对话中，雯雯抓住了爸爸所说的话里的"稳定"，然后再在逻辑上找到了"依据"：那就是不挑战自己，继而夸张地说会平庸一生，最终促使爸爸放弃了继续要求她找稳定工作的建议。

2. 危言有据，耸听发怵

危言耸听术讲究的是用危言来对他人进行心理攻击，让对方的心因为危言而产生畏惧和担忧，进而采取更为安全可靠的行动。这个过程实际上就是一个改变。但是所吹嘘的危言要有根据，方能让人发怵，让人害怕，这样才能耸听，才能实现根本的转变。

五岁大的儿子要买旱冰鞋，爸爸说："孩子们都在玩，这样也能锻炼孩子的胆量，而且还能从小让孩子学会自立。"妈妈很不高兴地说："话没错，但是要是摔倒了，摔坏了，怎么办呢？我单位有个同事的孩子，就是因为玩旱冰鞋摔碎了膝盖，到现在还在医院躺着呢，弄不好的话，会一辈子残废，我可不想让我们的孩子冒这个风险。"爸爸说："是吗？

那就别买了，安全第一。”

妈妈在说危言的时候，故意夸张性地举了个同事孩子的例子，说的是生活中的实事，爸爸深信不疑，而且“摔碎了膝盖，到现在还在医院躺着呢，弄不好的话，会一辈子残废”等话，对爸爸的触动也很大，促使爸爸最终放弃了给儿子买旱冰鞋的打算。

完全要依赖于你们的责任感了——破釜沉舟术

所谓破釜沉舟术，说的是在语言交锋当中，通过对事情的深刻剖析，把自己置于一种孤立无援的境地，把任何可以回旋和后退的路给斩断，从而促使对方丢掉侥幸心理，抑或敷衍的态度，全心全意和自己站到一起来，尽心竭力共同把事情处理好。这个过程，不仅仅是和对方进行心理上、言语上的较量，更重要的是，通过交锋来达到团结，而不是因此而分输赢。

在利用破釜沉舟的交锋术时，关键是在于“绝”，在分析解剖情势时，尽可能把情况说得糟糕些，把各种可能的退路都给否决掉，用残酷的现实来逼迫对方向你妥协，即便不是心甘情愿，也会委曲求全，与你联手而共同进退。在这个过程中，无疑把责任分担到了对方的身上，从而减轻了压力，同时也能轻而易举地驾驭别人。

第二次世界大战期间，很多媒体记者都想第一时间知道有关军事进展的消息，因此，他们挤在了房间里，等待美国军方给予回答。几个小时之后，盟军总司令德怀特·艾森豪威尔走进了房间，他大声地对记者们说：“先生们，我知道你们都在猜测我们下一个攻击的目标究竟在哪里。”

有记者说：“是的，我们是在猜，那么你能告诉我们究竟在哪里吗?”

艾森豪威尔笑着说：“当然可以，我把这个军事秘密向你们公开吧。我们 7 月初对意大利进行攻击，巴顿将军指挥进攻南部海滩登陆战，蒙哥马利将军负责北部海滩的进攻。”

记者们没有想到会听到如此绝密的军事情报，多少有些意外，其中一位记者问道：“将军，你告诉我们这么绝密的情报，如果有人将它透露出去，会不会造成严重的后果呢？”

艾森豪威尔笑着点点头说：“那是当然，如果你们在报道中哪怕是透露一点点风声，都有可能给战争带来戏剧化的扭转。当然我们是绝对不会审查你们的稿件的，完全要依赖于你们的责任感了。”

“好厉害的手段啊！”其中一位记者惊叹道。

结果，这次军事行动没有露出半点口风。

艾森豪威尔面对记者把绝对机密的军事情报给公布了出来，把自己置于绝境当中，在和记者的沟通中，他向大家分析和讲明了事情的严重性，继而用事实逼迫新闻记者和军方站在了一起，承担了保守秘密的责任。在这个过程中，他通过“不审查”而充分表示了对记者的信任，而记者也因为这个原因没有透露出半点消息。这就是破釜沉舟的精妙所在。

破釜沉舟的交锋术，在紧要关头能拉拢更多的人站在一起，这就是责任的魅力。当然，这还需要逻辑严密地把事情说得没有退路，把个人的责任推及到他人的身上，用现实的“残酷”使得他人妥协，当然，这需要以绝对的信任为前提。

把事情说得没有退路的破釜沉舟术说起来容易，在具体操作中并不好掌握，这就需要学习和领悟以下几点经验和总结。

1. 说坏情势，斩断退路

破釜沉舟术在使用时，首先要把事情说得很严重，把可能考虑的后路都找到合适的理由堵死，对于他人来说，只有一条路，那就是和你站在同一个战壕里，共同去应对。即便对方非常不情愿，但是以虚构出来的现实去逼迫对方，也能让他人尽心竭力，因为没有退路，才能齐心。当他人开始顺着你的意图去做事时，事实上你已经赢得了交锋的胜局。

在一次旅行中，两人在沙漠里断水已经好几天了，就在生命面临危险的时候，他们遇到了另外几个旅游者，他们要求分享对方的水时，被拒绝了。其中一人说：“方圆几公里都没有人烟，再加上风暴马上就要来了，目前唯一的办法就是让我们活下来，互相照顾、互相帮助，争取能活着走出沙漠。”对方想了想，最终同意了他的建议。就这样，两人喝到了水，活了下来。

两人通过“方圆几公里都没有人烟”“风暴马上就要来了”等话，把当时的情态说坏，进而把自己的压力扩大成为了众人的压力，从而让别人和自己站在了一个战壕里，最终才获得了水得以活命。如果当时没有把事情说得没有退路，或许就是另外一个结果了。

2. 充分信任，转移责任

利用破釜沉舟式的交锋把对方拉入一个战壕当中，让对方分担责任，这无疑减轻了自身的压力，赢得了交锋的胜局。当然，在这个过程中，绝对的信任是必不可少的，否则，彼此之间很难真正达到没有隔阂。这一点，在交锋当中一定要引起足够的重视。

女儿不小心把爸爸刚买回来的瓷器给打碎了，她哭着对妈妈说：“这可怎么办呢？爸爸会打死我的，我要是有个三长两短，妈，你该怎么办啊？”妈妈说：“要不，等你爸爸回来，就说是你王叔叔家的孩子来玩的时候不小心碰下来的？”爸爸回来后，发现瓷器碎了，气急败坏地质问，妈妈按照之前约定好的回复了爸爸。爸爸尽管很生气，但是也无可奈何。

女儿把瓷器给打碎了，她故意说“爸爸会打死我的”，把事情说得没有退路，进而把母亲拉到同一个战壕中，让妈妈为自己分担了责任，在这个过程中，她对母亲绝对的信任起了很重要的作用。

你不是说要烫水吗——吹毛求疵术

在《韩非子·说林上》中讲到了这样一个故事。

有一个客人想要给楚王贡献“不死之药”，他把药送到了侍者的手里，侍者小心翼翼地捧着，进入了王宫。此时，一名“中射之士”看到后问道：“可以吃吗？”侍者说：“可以吃。”于是，这个“中射之士”一把抢过来吞了下去。楚王非常生气，立即要将“中射之士”斩首，“中射之士”辩解说：“侍者告诉我可以吃，并没有说只能大王吃，所以责任在于侍者，而不在于我。”

“中射之士”抓住机会，巧妙利用“可以吃”和“大王可以吃”之间的区别，在侍者没有精确强调的情况下，让侍者百口莫辩，使得大王治罪无理。这就是我们这里要讲到的百般挑剔刺激对方做得更好——吹毛求疵术。

所谓吹毛求疵术，是指在言语交锋当中，故意在某些因为众所周知而省掉的词语上做文章，以吹毛求疵的口气，做出似是而非的议论，从而让对方百口莫辩，把事情做得更好。在这个过程中，你不仅仅在语言上占尽优势，而且也能刺激别人，让对方不断提高对自身的要求；同时，在不知不觉中，已经对他人进行了驾驭和改变，赢得了最终的交锋胜局。

一次，阿凡提因为借了财主家的钱而无力偿还，被迫到财主家做工来抵消债务。财主非常苛刻，不但要他做全部的家务，而且还经常刁难阿凡提。为此，阿凡提想好好地整治一下财主。

一天晚上，财主对阿凡提说：“明天一早，你要把家里所有的脏衣服都洗干净，否则就要扣除你一天的工钱。”

第二天一早，财主起床时找不到自己脱下的衣服，于是喊来了阿凡提，阿凡提说：“你不是说要把所有的脏衣服都洗掉吗？你穿了一天了，难道不脏吗？”财主气得两眼冒金星，一句话也说不出来。

还有一次，财主对阿凡提吼道：“快去给我打洗脚水回来。”

阿凡提急急忙忙打了水端了过来，财主伸脚进去后，立马吼道：“我要的是烫水，你给我端来冰水干吗，想要冻死我啊！”

于是阿凡提匆忙去换了水，结果财主很快就叫了起来：“哎呀，烫死我了！”

阿凡提在一旁无辜地说：“你不是说要烫水吗？”

财主气急败坏地说：“给我滚出去，我再也不想见到你！”

阿凡提故意钻了财主没有把话讲精确的空子，错误理解了“脏衣服”“冷水”“热水”的概念，来让财主难堪，结果财主气急败坏，但是却毫无办法，因为他的话并不精确，阿凡提理解错误也是合情合理的。可见，吹毛求疵术往往钻了约定俗成的空子，故意在不言而喻的概数上做文章，让他人无言以对，既赢得了交锋的胜局，又能让对方哑口无言。

利用吹毛求疵术时，着眼点在于对方所说的不精确的概数上，因为没有准确地说明和要求，往往主观性很强，这也为吹毛求疵提供了一定的空间。即使你故意曲解他人的意思，按着相反的意愿去刁难和使坏，对方也无话可说，只能默默忍受，自认倒霉。在这种情况下，你才有可能扭转局势，赢得最终的交锋胜局。

那么，在现实生活中，到底如何才能更好地利用吹毛求疵术来赢得交锋的胜利呢？

1. 盯着概数，拿捏程度

在吹毛求疵术中，即便是抓住对方话里的不精确处，也要合情合理，不能牵强附会，否则会让别人觉得你是无理取闹。概数无疑是最好的着手处。比如："差不多""很多"等，具体的程度完全可以自由拿捏，或多或少，对方都不能指责你错，巧妙刁难他人也不会留下把柄，能在无形之中让人难堪而又做得天衣无缝。

有一位客人非常嚣张，进了咖啡馆不停地挑三拣四，不停点拨服务员，为此，服务员想给他点颜色瞧瞧。于是他走上前去问："先生，咖啡要不要加糖？"

客人没好气地说："当然加了，不加怎么喝啊！"

服务员继续问："加多加少啊？"

客人："当然是多多益善了，舍不得糖啊?！"

不一会儿，服务员端上了一杯咖啡，客人刚喝一口，就吐了出来："怎么这么甜啊，服务员！"

服务员走上前来问道："先生，有什么可以为你效劳？"

客人气愤地质问："谁让你放这么多糖的？"

服务员针锋相对说："不是你要多多益善吗？"

客人语塞了，说："这，这……"

服务员利用客人"多多益善"的概数表示，故意加了很多糖，让客人无法饮用，但是又在合情合理当中，即便是再难缠的人，这时候也百口莫辩，谁让自己说话不严谨呢。可见，概数是吹毛求疵时不可忽视的一个点。

2. 瞄准俗成，故意曲解

除了关注概数之外，吹毛求疵术还需要关注约定俗成的一些不精确的词语。利用约定俗成而不被人强调的特点，故意装疯卖傻，曲解错解对方的意思，给予刁难，让对方有苦说不出，在别人语塞的时候，赢得语言交锋的胜局。

有一木匠给主人家装修房子，主人问："什么时候能完全装修好呢?"

木匠笑嘻嘻地说："过年前一定能装修好。"

距离过年不到两个月的时候，主人过来探望，发现还没有装修好，于是很不满意地质问木匠："你不是说过年前会装修好吗？现在离过年不到两个月了，为什么还没有好呢?"

木匠说："这不是还没有过年吗？我说过过年前一定装修好，现在还没有过年呢。"

主人知道被木匠愚弄了，但是却无言以对，只好打碎牙往自己的肚子里咽了。

木匠用"过年前"跟主人承诺，在约定俗成的称呼上做了文章。主人以为年前是随时有可能，绝对不可能临近过年，可是木匠的意思却是大年三十截止。主人受了愚弄，但是却丝毫没有办法，因为按照字面的意思，木匠的理解没有任何错误。

而这年的六月并没有三十日——釜底抽薪术

釜底抽薪术，是指在语言交锋当中，迅速抓住对方观点和言语中的纰漏，然后对其进行激烈的反击，直至将对方驳得体无完肤而败下阵去。这种针对明显错误进行质问的方法就是釜底抽薪术。纰漏一般会出现在言语逻辑错误，或者是不够严谨、自相矛盾的时候。在这个过程中，注意力要集中，只要对方出现问题，及时发现并揪住不放，往往能在第一时间杀对方个措手不及。

在利用釜底抽薪术时，还要谨言慎行，尤其在攻击对手的纰漏时，更要小心谨慎，不要因为说话缺失严谨而被对手咬住，否则，就是给对手留了机会，甚至还有可能被对手“一招毙命”。但是也不能唯唯诺诺，不敢反击。在关键时候，谁出招又狠又快，又少给对手留破绽，谁就能占据优势，赢得交锋的胜局。

广东省梅县知事夏某刚刚到任一个月，就接到了一件拖欠债务的诉讼状，与诉讼状一起递上来的是一张借条。在借条上清清楚楚写着“宣统二年六月三十日，借银子五百两整”。

可是，被告王毅却矢口否认。后来在比对笔记之后，发现借条上的字的确是王毅所写。这样一来，王毅势必得如数偿还银子。就在知事准备宣判时，忽然差役上报，太史杨某求见。杨某到了堂上，看了一眼借条说：“这张借条是伪造的。这个日期写的是宣统二年六月三十日，而这年的六月并没有三十日。即便这张借据是被告所写，但是原告没有发现，那么这张借条也是无效的。”

知事和堂上的人都感觉非常惊讶，后来拿来万年历一查，果然正如太史所说。

后来，经过审问，原告终于供出了实情。原来借条是原告花了一百两银子请人代写的，对方善于模仿别人的笔迹。案件被查清楚之后，原告被判处监禁一年。

太史杨某一眼发现了借条上的日期不对，进而抓住了对方的纰漏，将对方的观点一举推翻，最终使案情水落石出。如果不是太史杨某发现明显的错误，或许原告的阴谋就会得逞。由此可见，迅速发现对方的明显错误是釜底抽薪术的关键所在。

釜底抽薪的交锋之法的要点就是第一时间找到对手的错误之处，然后迅速给予反驳，把公众的目光聚焦在一点上，然后通过驳斥错误的点来达到对整个命题的驳斥。釜底抽薪要的是立竿见影、一招毙命的效果，让对手无法招架而自乱阵脚，甚至迅速崩溃。当然，在这个过程中要通过批判和攻击纰漏之处来攻击对方论点的关键，如此能让对手更为迅速地崩溃。

关于釜底抽薪术的一些方法和技巧，我们来参考以下几点。

1．发现纰漏，及时反击

釜底抽薪术讲究的是迅速给予最致命一击。在与人交锋当中，发现对方的言论有错误之处，应该迅速出击，一口咬住不放，并及时进行攻击，在对方做出应对之前，把他们反驳得体无完肤，让他们几乎无力反击。当然，这需要敏锐的观察力、严谨的逻辑思维以及表达能力才行。

母亲发现女儿早恋，于是狠狠地批评她说："你这点岁数懂得什么爱情？对于男人，要有足够的警惕，要学会保护自己。说句不好听的话，这世界上哪里有好男人啊！"

女儿反问道："那也包括爸爸吗？既然他不好，你为什么会嫁给他呢？"

母亲在教训女儿的时候，言语出现了纰漏"世界上哪里有好男人啊"，女儿抓住错误，及时反击，结果让母亲无言以对。不可否认，在这次语言交锋当中，女儿才是最终的胜利者。这就是釜底抽薪术的精妙所在。

2．设置假设，挑出纰漏

有些观点，乍一听似乎没什么问题，可是仔细琢磨，你会发现有严重的错误。在利用釜底抽薪术时，要适当设置假设，把对方观点的纰漏之处挑出来，然后加以反击，让对方不知所措，从而乱了阵脚。而事实上，这时候你已经获得交锋的胜局了。

两口子在看电视，对于电视剧中的恶人，妻子恨得咬牙切齿。骂道："那个人是天生的恶棍，你说老天怎么能允许这么坏的人活在世上呢！"

丈夫说："如果这时候有孩子要掉井里了，他或许会去搭救，或许有流氓要欺负女孩子了，他会去帮忙，你能说他究竟是坏人还是好人吗？"

妻子没话可说了。

妻子在斥责电视剧中的坏人，丈夫设置了假设，找出了妻子所持的观点的错误之处，然后加以质问，一下子把妻子的嘴给堵住了。如果没有丈夫的假设，妻子的话听上去根本没有任何错误。这就告诉我们，在利用釜底抽薪术时，要学会巧设假设，发现纰漏。

在你的左眼中能看到一丝怜悯——弦外之音术

俗话说：“打鼓听音，说话听声。”意思是说与人交谈中，要善于通过听对方的话辨析他人的真实意图，从而迅速做出相应的调整，避免把话挑明而伤及颜面。同样，我们也能巧妙利用这种言语暗示，对他人进行反击，让对方在不知不觉中受到伤害，这就是我们这里所说的交锋法——弦外之音术。

所谓“弦外之音术”，指的是在语言交锋当中，有些话不宜直接说，抑或在某些场合要有所避讳而不能说等，但是又不能不说。在这种情况下，人往往会采取“提醒式”的“隐言”，在若隐若现当中，给对方一定的回应和反击，利用“杀人不见血的刀”将对手至于“死地”，而最终赢得交锋胜局。

利用弦外之音术时，关键在于“外”，意思是说在表达时，借助所要表达的词句，故意透露出别的意思，让对方明白你最终所表达的意义，这样才能把你的攻击力送达到对方的大脑中，才能对他产生一定影响。当然，在这个过程中，寓意表达要准确无误，而且不能太过直接，情感也要平和，不能言辞犀利。

有一个为富不仁的富翁，他左眼完全瞎了，为了不损害自己的形象，不得不花重金装了一个狗的眼睛。由于钱花得到位，狗眼看上去非常逼真，不知情的人几乎无法辨别真假。也正是因为如此，富翁非常得意，常常在别人面前提问：“请你猜一猜，我的哪一只眼睛是假的？”当别人无法断定的时候，他则喜形于色，更加得意。再加上他人不断奉承：“阁下真是太了不起了，假眼做得跟真眼一样。”每当此时，富翁就心花怒放，非常有成就感。

有一次，他在散步时，意外地碰到了马克·吐温，像往常一样，他为了炫耀自己的眼睛，对马克·吐温说：“阁下，请你猜一猜，我的哪一只眼睛是假的？”

马克·吐温煞有介事地盯着富翁看了几秒钟，指着他的左眼说："不用细看，肯定是这一只。"

富翁有些不解，他想知道原因，因此追问："很多人无法辨别，你究竟是怎么知道的？是不是有什么不一样啊？"

马克·吐温一本正经地说："是的，先生，在你的左眼中能看到一丝怜悯。"

马克·吐温利用"左眼中能看到一丝怜悯"，意思是说富翁的真眼是没有怜悯的，继而讽刺富翁没有人情味。尽管富翁明白受到了羞辱，但是也只能忍气吞声，因为表面上马克·吐温说的是他的假眼，而不是他本人。因而，最终赢得交锋胜利的自然是马克·吐温了。在无形之中给对方致命一击，这就是弦外之音术的巧妙之处。

弦外之音，言在此而意在彼，乍一听，没什么特殊的意义，可是仔细琢磨，你就能明白背后的讽刺所指。同样，在使用弦外之音术与人交锋时，把想要表达的情感和意思蕴藏在普通的语言之中，通过巧妙的暗示，对他人进行细腻而又隐晦的反击。让别人挨了骂还笑脸相迎，甚至言辞恳切地表达感谢。

利用弦外之音，用平和的语言进行"刀光剑影"的斗争，把攻击和伤害暗藏在别人看不见、听不到的地方，是最有智慧的言语斗争。那么，在实际应用当中，到底有哪些策略和方法值得借鉴呢？不妨了解以下几点总结。

1. 没有所指，指桑骂槐

使用弦外之音术时，要把言外之意表达得恰到好处，在进行指责和表达情感时，模糊对手，故意把矛头指在和对手类似的人身上，抑或编造一个莫须有的人，给予抨击和谴责，即便对方明白你是在指桑骂槐，但是也不能立即和你发生争执，因为你并没有指名道姓地说他。

大王和小刘是邻居，二人素来有矛盾。这天早晨，大王打开房门一看，门口被人拉了一坨屎，这着实让大王生气。他知道这肯定又是小刘在使坏，于是故意敲开了小刘家的门，说："你的铁锹借给我用一下，也不知是哪个缺德的人在我们家门口拉了屎。"小刘的脸上青一阵红一阵，他迅速找了个借口，关上了门。

大王故意将小刘的门敲开，当着他的面开始骂大街，因为没有直接骂他，小刘只能忍气吞声，而实际上是大王故意指桑骂槐，骂给他听的。结果小刘无言以对，只好找了借口迅速关上了门。不言而喻，在这场交锋当中，大王是最终的赢家。

2. 改变情感，以褒示贬

运用弦外之音术还有一个方法，那就是改变情感，以褒示贬。弦外之音听上去是在表扬，可是仔细一想，就会发觉那是你的缺点，并不是优点所在。表扬是为了转移情感，而真正表达的却是批评。这样可以避免因为批评而引发他人的不满和冲突，同时又能达到反击他人的目的。这种反击有很强的隐蔽性，得需要一段时间等对手明白过来之后才有作用。

青青虽说已经是大姑娘了，但是却没有礼貌，见了老师从来不问好。这次家访中，老师说："青青是个很有礼貌的孩子，见了同学总是分外热情，见了老师也是积极问好，真是很难得啊！"青青听了，当时非常高兴，等晚上一琢磨，才发现老师在批评她没礼貌。

老师在想要表达批评时，却加以表扬，这让青青误以为是在肯定她，而后才发现是在表达否定。是老师利用了弦外之音术，对她进行了批评教育，给她留足了面子，同时也避免了直接批评伤害师生之间的情感。

第三章

义正词严巧应对，以理服人不容否

俗话说："有理行遍天下，无理寸步难行。"在与人进行言语交锋时，据理力争、以理服人也是一个不错的方法。因为再多的言语技巧，如果不符合人情世故，即便占了先机也不能让他人心服口服。这就是说，在遭遇他人的言语攻击时，不仅要巧妙应对，更要义正词严讲道理，以理服人。在这一章，我们主要从理顺逻辑、讲明道理的角度出发，讲解一些据理交锋术的策略和方法，想必会对很多人有帮助。

多敲几十扇门，坚持不懈地去敲——就地取材术

就地取材术，是指在言语交锋当中，利用眼前的材料来分析辩解，从而让对手语塞，进而达到扭转局势，赢得最终胜局的效果。其中，所能利用的材料包括对手所咬住不放的纰漏之处，当然也可以是对方进行言语攻击的素材，抑或身边的事情，还有言语交涉中所引出的成语典故等，只要利用好、分析透彻，都可以给对手致命的反击。

就地取材术的关键点在于“取”上，在受到别人刁难和攻击时，不要急于全盘否定，更不需要去做无谓的解释，而是要把他人口里的素材接纳过来，再做符合自己观点和想法的论述和辨析，调转枪头，用力打出去，往往这样的反击让对手更难以接受。因为这原本是对方的言语，而现在却改头换面，带着另外一番情绪扑面而来。

托马斯是一个伟大的教育家，为了实现创办残疾人学校的梦想，特意发动自己的很多朋友去募捐。一开始时，募捐是非常困难的。一个叫比利的小伙子打算放弃，托马斯知道后，问道：“为什么要放弃呢?”

比利开始诉苦水了，他说：“实在是太难了，可以这么形容‘十叩柴扉九不开’，很多时候我们遭到的是别人的白眼以及对此的不信任，这让我感觉到窒息。”

托马斯笑着说：“‘十叩柴扉九不开’，真是形容得太好了，但是多少让人觉得悲惨凄凉。敲了十次门，尽管九次都失败了，但是值得庆幸的是还有一个人为你开门，那么，只要我们多敲几十扇门，坚持不懈地去敲，那么敲开的门不就越来越多吗?”

听了托马斯的话后，比利没有说话，只是点了点头表示认可。

托马斯接着说："所以，要是你不介意的话，我想把你之前所说的'十叩柴扉九不开'改成'百叩柴扉十扇开'。"

面对比利的"十叩柴扉九不开"的抱怨，托马斯就地借助材料，进行了分析，目光盯在了那一个开门的人，继而解说扩大叩门的次数，来赢得更多人的理解和资助，把比利的抱怨完全化解开了，最终让比利哑口无言。想必，这时候讲多少道理都不如就地取材的方法更加奏效。可见，就地取材术可以就事论事，把对方的嘴给"堵住"。

利用就地取材术来进行言语交锋时，不要被对方所讲的客观道理所折服，但是又不能无理取闹，引起他人的反感。这就需要你有超强的逻辑思维能力，能迅速找到对方言论的突破口，然后按照对方的思路，迅速进行反击，把他人踢来的皮球反踢回去。这样才能扭转局势，赢得最终的交锋胜局。

就地取材术是按着他人攻势的方向，巧妙进行引导，在某些薄弱环节做手脚，扭转方向，自圆其说，进行反击。那么，在现实的语言交锋中，如何才能更好地利用就地取材术呢？以下几点技巧，或许会给你带来帮助。

1. 迅速接招，寻找突破

就地取材术在使用时，面对他人的凌厉攻势，要迅速接招，寻找突破，巧妙利用对方所找出来的材料和案例，顺着对方所阐述的思路和方向，在认可对方没有错误的情况下，转换角度，进行辨析，从而把对方的话完全挡回去。在这个过程中，让对方无言以对，最终把交锋当中有利的局势拱手相让。

有一个发明家想要发明一种非常有用的机器，他和助手们进行了300多次试验，结果都以失败告终了，他的助手有些灰心了，抱怨说："你看看，都进行了300多次了，一点用也没有。"

发明家说："怎么会没有用呢？至少让我们明白这300多种方法是错误的，要想取得成功就得在这300多种方法之外去寻找。"

助手无言以对。

助手说失败了的300多次试验没有起到一点作用，发明家就地取材，利用助手的这句话，辩解道至少让他们明白这么多的方法是不成功的，巧妙地把劣势看成了优势，把助手的嘴给“堵住”了。在这个过程中，突破口在助手所说的“一点用也没有”上。

2. 借力打力，迅速反击

利用就地取材的方法来进行言语交锋时，要借力打力，迅速反击。简而言之就是借助对手的言论，来对他进行反击。需要的只是转换认识角度，把被动挨打变成锐利反击，从而让对手百口莫辩。当然，要利用得巧妙，不能生搬硬套，更不能胡搅蛮缠、强词夺理，重要的是让对手觉得有道理，自觉闭嘴。

经过一年的刻苦学习，孩子的成绩依旧没有及格，为此，妈妈灰心地说：“整整辛苦了一年，却仍然没有及格，还学什么啊！”爸爸说：“虽然没有及格，但是进步是有目共睹的，以前考个位数，现在已经离及格只差一点点了，难道这不是努力的结果吗?”

妈妈因为孩子考试没有及格，而否定了一年的努力，爸爸巧妙地接过妈妈的话，利用考试的分数来把目光引到分数的变化上，巧妙转换了角度，强调从考个位数到差一点及格，是努力的成果，结果让妈妈哑口无言。这就是就地取材的交锋之术。

我对它的爱就如同对一位美貌女子的倾慕——直击要点术

在言语交锋当中，抓住对方言论的关键之处，通过摆事实、讲道理，点明对方的错误之处，然后采用严密的逻辑论证，让他人在你的逻辑分析之下，不知不觉接受你的言论，继而因为内心的自我否定，而心口不一，最终处于百口莫辩的境地。这就是我们这里所讲到的——直击要点术。

在利用直击要点术的交锋法时，重点在于找到对方言论的关键点，然后进行一系列的逻辑论辩，让对方的思想错乱，让他人的言论因为缺失了主要的论据而瞬间土崩瓦解。当然，在这个过程中，抓住重点有的放矢，找准靶心才能奏效，讲明道理时也要注意逻辑严谨，不要漏洞百出，成为笑柄。

伽利略年轻时立志要献身科学研究，却遭到了父亲的反对。因而，这天，他对父亲说："爸爸，我想问你一件事，当年是什么促成了你和母亲的婚事呢？"

父亲说："是因为你的母亲深深地吸引了我。我只对她钟情。"

伽利略说："那你没有喜欢过别的女人吗？"

父亲说："没有，孩子。家里人曾经要我娶一位非常富有的女士，可是我最终还是拒绝了，我的态度非常明确，除了你的母亲，我谁也不娶。"

伽利略说："那是因为你爱她。我现在同样面临这样的处境，我的所有兴趣爱好都在科学研究上，除了科学，我不可能选择别的职业，其他事情对我来说毫无用途和吸引力，我对它的爱就如同对一位美貌女子的倾慕。"

"你的意思是说你像爱女子一样爱着科学？"

伽利略一本正经地说："是的，父亲，我已经 18 岁了，别的同学，哪怕是最穷的人都会考虑自己的婚事，我却从来没有过这样的念头，因为我只愿意与科学结为伴侣。"

父亲没有再说话，只是静静地听着。

伽利略在反驳父亲的时候，抓住了父亲观点的要害之处"我只对她钟情"，继而进行迅速反击，用严密的语言逻辑赢得了父亲的认可，并引到自己身上，让父亲接受了他选择与科学为伴的决定，前后因果逻辑紧密，让父亲哑口无言。最终他赢得了言语交锋的胜局。

在使用直击要害术的交锋之法时，追求的是一针见血，这就需要在言语上简洁明快，抓住对方的逻辑漏洞进行环环相扣的反击，言语越犀利，攻击力越强，收到的效果越好。如果表达过于烦琐、累赘，则容易招致他人的反感。当然，别忘了，目的是通过讲道理，让他人心服口服。

直击要点术能给予对方的关键之处致命一击，以达到让对方迅速瓦解的目的。但是在实际使用当中，并非那么容易和简单，下面几点建议和意见或许对你有很好的帮助。

1. 厘清逻辑，抓住要害

在使用直击要点术时，要第一时间找准对方论点的逻辑所在，从而迅速抓住最主要的关键点，制造逻辑混乱，扰乱对方思路，让他人因为逻辑的混乱而出现言语混乱，而这时，迅速引导对方接纳你的逻辑，从而让对方觉得自己错了，这样才能从根本上扭转局面。

从前，有一个年轻的村民，妻子怀孕后，他要求妻子做人工流产，妻子很不情愿。年轻人去找医生，希望医生能帮助他说服妻子。他说："医生，麻烦你给我妻子做人工流产手术，因为怀上的是个女孩。"

医生不解地问："你为什么要把女孩给做掉呢？"

村民说："现在一个家庭只能生养一个孩子，生了女孩就不能再生了，而女孩长大后终归是要嫁人的。"

医生说："我也是爸爸，我的儿子到12岁的时候，我要送他上五台山当和尚。"

村民疑惑地说："为什么啊？"

医生一本正经地说："因为女孩子都被做掉了，他长大后只能当和尚，又不能传宗接代，我要他干什么啊？"

村民惭愧地低下了头。

医生听完村民的叙述之后，迅速找准了村民的逻辑——生女孩迟早是别人家的。进而抓住了要害，从一个男孩的爸爸的立场出发，进行了严密的逻辑论述，结果让村民晓得了自己的想法是多么愚蠢，最终哑口无言。

2. 简明扼要，以理服人

直击要点术的使用还要注意另外一点，那就是“直接”，也就是说表达要简明扼要，要以理服人。无关痛痒的套话和空话要坚决杜绝。针对对方的错误，摆事实，讲道理，让对方明白自己的想法和观点的荒谬之处。在这个过程中讲究的是用道理来征服人心，而不是胡搅蛮缠，利用气势来压制他人。这一点，在具体的实践过程中，一定要注意。

在缴纳农村医疗合作保险的过程中，负责人萧逸遇到了不小的麻烦，村民们抵触情绪比较大。有村民说：“我们交钱了，可是却未必真的得病，那么这些钱不是白交了吗？我们没钱。”

萧逸说：“现在只是交几十块钱，如果将来得了病住了医院，国家给付70%，这可是一笔很大的费用啊。”

村民说：“几十块钱不是钱啊，看你说得那么轻巧。”

萧逸说：“即便不住院，大家的这些钱也不是白交的，每年有这几十块钱的指标可以买药，钱还是花在你们自己身上，而且如果你们住院又能得到国家的补助，不好吗？如果不交，有了病国家可是不管的。”

村民们面面相觑，不再闹情绪了，最终他们还是把钱乖乖地交了。

村民们以“未必会住院”“白交钱”为借口拒绝缴纳农村医疗合作保险。萧逸简明扼要地说明了因果，给他们讲道理，最终村民们哑口无言。在这种情况下，多余的争辩、指责都无益于问题的解决。这就是有的放矢、向人讲明道理的直击要点术的作用。

难道说孔子脱得赤条条的到宋国去吗——反例驳敌术

一位丈夫在埋怨妻子穿着泳装在滨海公园里照了张集体照。他说：“尽管是站着的，但却是在一个平面上，假如向后仰九十度，或者是大地像被窝那样往上转九十度，可以想象那将是多么丢人的事情啊！”

妻子反驳道：“你不也每天挤公交车吗？虽然是穿着整齐，但是人多的时候相互碰到也是常有的事，按照你的说法，那不是更加荒唐的事情吗？”丈夫顿时语塞。

面对丈夫的荒唐论点，妻子并没有乱了方寸，而是举了一个相反的例子，最终让丈夫哑口无言，这就是我们这里所要提到的反例驳敌术。

在言语论辩中，当对方以偏概全，轻率概括，或者是做出某种虚假的全称命题来进行攻击时，与其和对方进行是非对错的争论，不如改变思路，从反面入手，证明与之相反的事例是正确无误的，这无疑是对正面命题的质疑和否定，除非对方能找到合理解释，抑或及时自圆其说，否则势必会处于“被动挨打”的局面。事实上，这时候主动权就完全掌握在了我们手中。

在利用反例驳敌术时，关键在于找到对方命题的荒谬之处，找到恰当的反面论点和事例，证明其正确性，让对方的观点和论述受到质疑和否定。当然，在此期间，所找的论点要针锋相对，所找的事例针对性要强，这样反击才有力度，才能达到一针见血的目的。否则，即便是反例反驳，也是绵绵无力的，无法扭转局势。

在没有照相技术的时候，科举考试前，为了避免冒名顶替的现象，考生在提前上交的考生档案信息中，必须写清楚自己的体貌特征，以便于主考官查看。

相传在明代，有个考生在填写自己体貌特征的时候，写上了“微须”。在考试当中，考官在查验的时候，发现这位考生脸上有胡须，于是勃然大怒，准备将考生赶出去。考生大为不解，问道：“为何要赶我出去？”

考官责骂道：“你为何要冒名顶替呢？”

考生很不高兴地说：“说我冒名顶替，你有什么证据？”

考官生气地说：“你的考单上明明写着没有胡须，而你却有胡须，这难道不是冒名顶替吗？”

考生诧异地说：“我写的是‘微须’，也就是说有一点胡须啊！”

考官说："'微'即'没有'，范仲淹的《岳阳楼记》中有'微斯人，吾谁与归'一句，说的就是没有人跟我一起。"

考生不服，反驳说："'孔子微服而过宋'，如果'微'只作'没有'讲，难道说孔子脱得赤条条的到宋国去吗?"

考官无言以对，只能让考生再次入座考试。

考官片面曲解"微"的含义为"没有"，而质疑考生的身份，考生则从反面针锋相对，举了孔子的例子，证明了考官的理解有误，从而让考官百口莫辩，败下阵去。可见，反例能在关键时候给对方致命一击，让对方被自己的错误观点堵住后路而无言以对。如果这时从正面做辩解，想要占尽上风并非易事。

反例驳敌术之所以能让对方迅速陷入绝境，那是因为对方所强调的论点与反面案例之间存在矛盾，证明了反面案例的正确，无疑是对对方观点的否定，这远比从对方严密逻辑保护下的论点出发更容易找到突破口。

反例驳敌术能迅速让对方的观点和理论土崩瓦解，使对方把交锋的有利局势拱手相让，那么，在现实生活中，使用反例驳敌术并非易事，以下几点建议和意见可供参考。

1. 多听细想，发现谬论

反例驳敌术之所以能够迅速取得交锋胜利，那是因为在利用该方法时，要通过听、通过思考，迅速发现对方观点的谬论之处，以达到有的放矢，瞄准目标进行反击。如果连对方观点的漏洞在哪里都发现不了，即便反驳也是隔靴搔痒，不能解决最根本的矛盾。这时候，即便你言辞再犀利都不能保证胜局。

阿全想辍学去做生意，却遭到了爸爸的反对，爸爸说："你看看，不读书的人哪个有出息?"阿全接过话题，说："读了书一定就有出息吗？看看隔壁村的刘二珠，读了整整五年的医学院，可是结果呢？现在不也在种庄稼？你还不死心，还让我去读。"父亲一时语塞，不知作何回答。

阿全在反驳父亲的时候，通过听和思考，迅速发现了父亲言论的漏洞——读书和有出息之间的必然因果关系，进而举了个恰如其分的反例，反驳了父亲的观点，在事实面前，父亲自然哑口无言，把言语交锋的胜局拱手让给了儿子。

2. 举例恰当，及时反击

发现了对手论点的荒谬之处后，选择相应的事例至关重要。一般情况下，所选择的事例既要反映对方表述的问题，又要证明他的观点是经不起推敲的，这样才能一招制胜，让对手无力反击。如果事例不经典，即便进行了反击，也是棉花拳软绵无力，并不能把对方的嘴给堵上。可见，举例恰当也是反例驳敌术的精妙所在。

女儿18岁开始谈起了恋爱，这让父亲大为恼火，可是女儿却理由很多，她说："我身边的很多同学都已经恋爱了，有的比我小好几岁，都谈好几年了。"

父亲责备道："你现在的任务是学习，不是谈对象，你看看我单位的那个老黄的女儿，人家现在27岁了，还在事业上奋斗，根本不考虑恋爱的事情。把学习搞好了，将来有个好前程，何愁没对象啊！"

听了爸爸的话，女儿惭愧地低下了头。

女儿以同学们都谈对象为借口要求恋爱，父亲则恰当地举了同事女儿的例子，证明了女儿的想法并不正确，在事实面前，女儿不得不重新思考是否适合恋爱的问题。如果爸爸所举例子不能很好地说明恋爱和前途之间的必然联系，那么对女儿来说并不能起到真正的阻止作用。

也就是说你无法确定当时讲话的人是我——连续反问术

生活中，我们往往能看到这样一种情形：当某人受到别人的刁难时，接过话头，进行一连串的反问，让对方哑口无言。

利用一连串的反问，可以推翻别人的理论基础，进而让对方百口莫辩，不得不举手投降。这正是我们这里要说的语言交锋的方法之一——连续反问术。它能迅速化解对方的凌厉攻势，并且转被动为主动，通过一连串的发问对他人进行猛烈攻击，在严密的逻辑和强大的气势之下，让对手败下阵去。

在利用连续反问术进行言语交锋时，要抓住对方语言的逻辑漏洞，比如以偏概全，或者是逻辑关系的充分非必要条件等，利用逻辑上的前后矛盾，进行环环相扣的反问，把对方逼得无路可退，无法反驳，这样他们才会拱手投降，把交锋的胜局让出。

所罗门和爱德华是教会学校高年级的同学，他们两人曾经发生了肢体冲突，素有矛盾。所罗门是个心胸狭隘的人，总想着报复爱德华，却苦于找不到借口。于是他把目光转移到爱德华的女朋友萝莉的身上。

一次，他向老师诬告："今天在课堂上，坐在后排的萝莉和别人在讲话。"老师听后非常生气，决定第二天上课时当众批评萝莉。萝莉得知这件事情后非常懊恼，她把这个坏消息告诉了男朋友爱德华。爱德华听完萝莉诉说之后，悄悄地对她说了几句话，萝莉拍手叫好。

第二天上课时，老师把萝莉叫了起来，准备责备她上课随便讲话。

当老师讲出她的过错时，她不慌不忙地说："我在课堂上随便和同学讲话，有谁看到了呢?"

所罗门站起来说："是我亲眼所见，你还想抵赖。"

萝莉说："请问你的座位在前排，要是你不回头的话，怎么能看到我在和别人讲话呢?"

所罗门无言以对，狡辩说："我听到你在和别人小声议论着什么。"

萝莉接着说："你怎么知道一定是我在和别人说话呢?"

所罗门说："我猜就是你。"

萝莉大声说："那就是说你不是亲眼所见了？既然如此，也就是说你无法确定当时讲话的人是我，至少不一定是我。"

所罗门支支吾吾地说："这……这……"

老师也只好让萝莉入座而不再追究。

萝莉用自己在后排，所罗门在前排的事实，推出如果所罗门不回头是无法看到的，进而逼所罗门承认并非亲眼所见，再进行反问，迫使他说出是"听""猜"，事实上，这时候所罗门的话已经完全失去可信度了，在这样莫须有的罪名之下，老师要想再追究萝莉的过错很显然已经站不住脚了。这就是应用了连续反问，让对方无法招架，而被逼得无路可退，这就是连续反问术的精妙所在。

连续反问术讲究的是抓住对方言语中的矛盾，迅速进行反问，把对手推向错误的边缘，紧跟着利用不断凸显的矛盾和错误，对对方进行再次攻击，让对方没有还手之力。当然，在这个过程之中，你的反问要层层逼近，要对对方进行引导，一步步将对方逼入死胡同，即便对方再善辩，也百口莫辩，理屈词穷。

那么，在现实生活中，究竟要如何才能更加有力地利用连续反问术来赢得语言交锋的胜局呢？

1. 抓住矛盾，迅速反击

利用连续反问术进行语言交锋时，要迅速抓住对方言论的不严谨之处，见缝插针进行反问，让对方因为自己言行的不严谨而不知如何作答。对方被一步步牵着鼻子走的时候，实际上已经被你驾驭，你的反问自然也是对他最致命的打击。这时候，或许对方会狡辩，我们一定要紧紧咬住漏洞，不要被他转移注意力，蒙混过关。

某男生喜欢一个女孩，可是追了很久女孩始终不为所动，男生质问道："我那么爱你，你怎么就那么狠心呢？"

女孩反问道："你怎么爱我了，我怎么没感觉到？"

被女孩一问，男孩有点不知所措，但是他很快说："我每天给你送花，每天给你打很多个电话，每天入睡前都要想你好几遍，难道我不够爱你吗？"

女孩笑着说："幼稚！这就是你爱我啊？那不过是你自以为是！你知道我想要什么吗？"

男孩委屈地说："你不告诉我，我怎么知道啊？"

女孩说："你连这个最基本的都不知道，说明你不了解我，你不了解我又怎么能说爱我呢？即便是爱，也是虚情假意！你说这样的爱你要吗？"

在女孩的一连串反问下，男孩惭愧地低下了头。

女孩在遭到男孩的质问之后，抓住了对方的矛盾之处"你爱我，我就得爱你"进行了反问，把对方的注意力引入"我想要什么""你了解我吗"等问题之上，利用层层递进，告诉对方不知道想要什么，就是不了解，既然不了解，那么怎么能说是爱呢？在这样一个严谨的逻辑反问之中，男孩无言以对。

2. 层层引导，步步紧逼

连续反问术的关键在于利用反问把层层递进的逻辑关系展现出来，从而引导对方一步步认可自己的观点和想法是存在错误的，在这种情况下，即便对方想要进行反击，也会因为受你的诱导而发生自我否定。

某人向邻居借了 500 元钱，一直未还，于是邻居前去索要，可是这人却抵赖，否认曾经借过钱。在没有借条的情况下，邻居据理力争，可是百口莫辩。这时候，有个叫王五的人站了出来，问借钱的那人："你为什么借钱呢？"这人回答说："因为我没钱。"王五继续问道："没钱难道不应该借钱吗？"这人说："应该。"王五说："既然应该，那么你怎么就那么肯定地说没有借过邻居的钱呢？"这人一时语塞，只好承认了借过钱的事实。

王五在质问借钱之人时，以"为什么借钱"为诱饵，引导对方说出缺钱的事实，然后又做了一个假设，让对方承认有借钱的可能，然后再跟对方一开始表现出的坚决否定借钱的态度做对比，促使借钱者不得不承认曾经借过钱的事实。这就是利用层层引导、步步紧逼的方法让对方说出了真相。

毫无疑问，流行性感冒也是高尚的了——巧喻质问术

在言语交锋当中，一味地说理往往会让别人思维混乱，降低了我们的语言的攻击力。这时候，如果能把你所坚持的观点和想法通过形象的比喻说出来，通过实例之间鲜明的对比，巧妙地把复杂的道理变得通俗易懂，则更能让人理解，言语的反击力度自然会大大地增强。这就是我们常用的语言交锋的方法之一——巧喻质问术。

巧喻质问术讲究的是利用比喻来使得问题之间的矛盾更加明显地展现出来，以此来告诉对方他的观点的荒谬所在。当对方的攻击不好回应，或者我们根本无法回答时，巧借比喻点明利害关系，把对方的凌厉攻势给挡回去。当然，比喻选择的恰当与否直接关系着回击是否有力度，以及能否扭转局势，掌控胜局。

有一次，俄国非常著名的作家赫尔岑被朋友邀请去参加一个家庭式的音乐会，可是在音乐会上，演奏的曲目非常轻佻和乏味，音乐会的节目上演不久，赫尔岑就不耐烦地用手捂住耳朵打起盹儿来。赫尔岑的举止引起了与会的很多人的关注，音乐会被迫停止了。女主人非常惊奇地走到赫尔岑的身边推了推他说："伟大的赫尔岑先生，您不喜欢音乐吗?"

赫尔岑摇了摇头说："噢，不，女士，我喜欢音乐，只是这种轻佻和低级的音乐让我感觉到乏味和厌倦。"

女主人很不高兴地惊叫起来："赫尔岑先生，他们演奏的可是最新的流行音乐啊，你怎么说它是轻佻和低级的呢?"

赫尔岑一本正经地说："女士，流行的音乐一定就是高尚的音乐吗?我看未必是这样的。"

女主人针锋相对地说："赫尔岑先生，不高尚的东西怎么可能流行呢?"

赫尔岑听了这话，风趣地对女主人说：“那么，按照你的说法，流行的东西就是高尚的，毫无疑问，流行性感冒也是高尚的了？”

女主人顿时语塞，不知如何作答。音乐会不得不中途停演，改换别的节目。

在应对女主人的发问“不高尚的东西怎么可能流行呢”的质问时，赫尔岑并没有解释为什么，而是形象地用流行性感冒来展示了流行与高尚之间的必然连接的荒谬性，让女主人无言以对。因为这个问题不好回答，即便做了辩解，也未必能让对方信服，而这个形象的比喻不但给出了最好的答案，同时也能让女主人信服而语塞。这就是巧喻质问术的魅力所在。

巧喻质问术是利用某些通俗易懂的事物之间的矛盾关系，来展现另一些比较抽象难懂的具有共同或者是相似的特征和属性的事物，从而让矛盾更加尖锐地凸显出来，让他人的言论显得荒诞不经，经不起推敲。在这个过程中，选择时比喻要贴切、有代表性，更要能尖锐地凸显事物之间的关系和矛盾。

巧喻质问术在言语交锋中能起到以一敌十的作用，在关键时候，给对方致命一击，让对方百口莫辩。但是，在具体使用当中，并不轻松简单。这就需要掌握一定的技巧和方法。

1．精确把握，巧妙拿捏

利用巧喻质问术的关键是把握好他人言论的逻辑关系，洞悉其中的矛盾。看清楚剥开表象之后真正的实质所在，这样才能保证所选择的比喻能一针见血点出真正的问题所在。否则，即便比喻多么贴切，也无益于问题的透析。可见，在这个过程中，精确把握，巧妙拿捏事物之间的关系是重中之重。

著名的文学家萧伯纳非常喜欢种花草，为此他经营着好几座大花园。一次，他的一位朋友前去拜访，发现萧伯纳的屋里只有几个作为装饰品的花瓶，感觉非常奇怪，于是非常惊讶地问道：“你一直以热爱花草闻名，可是你的家里怎么连一朵花也找不到啊?”

萧伯纳笑着说：“是的，你说得一点也没错。但是我也很喜欢儿童，总不能把他们的头颅也割下来供养在瓶子里吧?”

朋友听了，尴尬地笑了笑没再说话。

萧伯纳把儿童比喻为花朵，从而有力地回击了朋友“爱花就要摘回来摆在房子里”的错误观点。因为摘了孩子的头就是对他们的杀害，同样摘花也是对花的伤害，而不是爱。这个浅显的道理或许通过说教并不能让朋友更加理解，而通过比喻则让他明白了爱并不是占有这个道理。

2. 取喻从近，轻松质问

巧喻质问术的目的是通过比喻来说明道理，那么所要选择的比喻更应该从近，从生活中选择通俗易懂的案例往往能起到更好的作用。生活中我们习以为常的事物，往往充满矛盾和荒谬。如果能将之找出并加以质问，无疑是对他人最凌厉的反击。这时候，谁还会抱着谬论呢?

我国著名的作家钱钟书先生写《围城》一举成名之后，大受读者的追捧，有位读者一再写信要求与钱钟书先生见面，几经拒绝都不能打消读者的热情，读者不断写信恳求，这让钱钟书大为不悦。

后来，他在给读者的最后一封信中写道：“如果你觉得鸡蛋好吃，难道一定得见这位会下蛋的母鸡吗?”从那之后，读者不再纠结与他见面的事情了。

钱钟书先生用母鸡和鸡蛋之间的关系来比喻自己作为作家和作品之间的关系，而以消费鸡蛋的消费者，本跟母鸡没有关系，来衬托读者没有必要见自己。正是因为从生活中取证，让该读者明白了这个通俗易懂的道理，他的轻轻质问更是把这种矛盾和荒谬推向了极致，最终促使该读者放弃了见面的想法。

到底是一只脚还是两只脚——权威效应术

权威效应术是借助人们对权威的信赖和崇拜，在言语论辩之中抬出权威者或者权威的言论，给对方致命的一击。因而，搬出权威往往是语言交锋中的撒手锏，这无疑是给自己戴上了高帽子。

古代，有一位法号叫作大德的法师，非常善于辩论。他曾经提出了一个“无一无二”的交锋命题，声称世上既无一的东西，也无二的东西。这难住了很多善于辩论的儒生和学士。后来，皇帝听说有个叫石动筒的人非常善于辩论，于是特意差人将石动筒请来与大德法师论辩。几日之后，石动筒来拜见大德法师。

他在入座前，提起衣服说：“你看，在下有几只脚？”

大德法师说：“两只。”

石动筒收起一只脚，说：“你再看在下有几只脚？”

大德法师笑着说：“一只。”

石动筒说：“你刚才不是说我有两只脚吗？现在又说有一只，怎么能说是无一无二呢？”

法师立即说：“如果说两只脚是真的，那么就不应该有一只脚，如果是有一只脚，那么另外一只脚就不是真的。”

石动筒紧追不舍地问道：“弟子听说一天不会有两个太阳，一个国家不能有两个君王，这难道是无一吗？卜有乾坤，天有日月，皇后配天子，这就是二人，你能说无二吗？”

大德法师只好低头不语。

石动筒在和大德法师的辩论之中，巧妙地将日月天地以及皇帝皇后等引入言语之中，借助这些权威，让善于辩论的大德法师无法再进行回击，因为如果再做辩论无疑是对天地皇权的质疑，大德法师除了哑口无言别无他法。可见，巧借权威能在关键时候增加自己言论的可信度，给自己罩上权威的光环，而让对方无法回击。这就是权威效应术的精妙所在。

所谓权威效应术的言语交锋术是指在论证或反驳某个观点的正确或者错误的时候，并不是从这个观点和想法的本身出发，而是以事实材料为依据，加以推理和判断，借助权威人士或者权威的言论来对对方进行打压，促使对方在权威的压力之下败下阵去，进而将局面的优势拱手相让。

权威效应术是借助别人的影响力来增大对手反驳的难度，在实际使用当中并非易事，在使用权威效应术时，要注意一点，那就是搬出的权威要有威慑力，这就需要考虑搬出的权威的大小。一般需选择那些在某个领域得到社会认可的人或者是事，还要注意表达时的整体状态，过于急躁会降低言语攻击的威慑力。

男生A学习非常差，在班主任的安排下，有学生B在学习上帮助他，可是学生A却以各种理由拒绝学生B的帮助，这天，两人又发生了口角。

学生A说："我就是学不进去，我也很努力了，可是脑子笨，怎么也理解不了。"

学生B不高兴地说："那你怎么不问我呢？你不会并不代表我也不会啊！要不然我怎么帮助你啊？"

学生A说："那怎么好意思啊，同样是在一个教室里学习，我学不好向你请教，那是多丢人的事情啊！"

学生B说："古人说的'不耻下问''知之为知之，不知为不知'难道你不知道吗？"

学生A惭愧地低下了头。

学生B搬出了古训"不耻下问""知之为知之，不知为不知"来回击学生A关于不好意思向自己请教的话，继而把学生A的谬论给推翻了，致使学生A有再多的言辞也只能哑口无言，否则就是对古人学习心得的挑战。在这里，学生B很好地借助了权威，实现了赢得言语交锋胜局的目的。

自己的身体都不爱惜，又怎么会爱惜你呢——以点驳面术

一叶落而知天下秋，窥一斑而知全豹。这就告诉我们在进行言语论辩时，选择最典型、最有代表性的某个点、某个方面，由此及彼，由表及里，进而

对他人的言论进行反击，从而赢得言语交锋的胜局。这就是我们这里所说的抓住一点，推及一面的语言交锋术——以点驳面术。

利用以点驳面术时，要想一举取胜，关键在于找准能代表和反映整体的这个点，除了在倾听中善于发现和把握对方论点的主旨外，还要抓取最典型的一些细节以及关键的蛛丝马迹等，然后出其不意地迅速出击，给对方以致命的打击。当然，在这个过程中，所选取的这个“点”与之后的推断要有必然的联系。

春秋战国时期，管仲辅佐齐桓公完成了霸业，在管仲即将离世之时，齐桓公前去探望，问道：“你还有什么要交代我的吗？”

管仲说：“在我离开之后，千万要远离易牙、竖刁、公子开方和堂巫四个人，他们不利于国家长治久安。”

齐桓公说：“易牙是我的厨师，他给我做了很多的山珍海味……甚至将自己的儿子蒸熟了给我吃，他对我这么用心，我怎么能疏远他呢？”

管仲说：“没有人不爱自己的亲生骨肉，易牙连自己的亲生儿子都不爱惜，又怎么可能在乎和你之间的情谊呢？又会怎样去报答你啊？!”

齐桓公接着说：“竖刁身为贵族，为了我在宫中的生活更加有趣，亲自阉割来宫中侍候我，我怎么能疏远他呢？”

管仲说：“他连自己的身体都不爱惜，又怎么会爱惜你呢？!”

齐桓公接着说：“至于公子开方抛妻舍家15年始终不离侍候我，怎么让我远离他呢？”

管仲说：“他对自己的家都不在乎，又怎么会在乎你啊？!”

齐桓公无言以对，只能点头说：“好，我一定谨遵先生教诲。”

然而等管仲死后，齐桓公并没有把管仲的话放在心上，结果这四人果然作乱，将他秘密囚禁了起来。

管仲以敏锐的洞察力通过对易牙等几个人生活中的一些片段的分析，从这些点推及到面，进行了深刻剖析，逐一将齐桓公嘴里所说的“好”进行了驳斥，最终让齐桓公无言以对，赢得了语言交锋的最终胜局。尽管后来齐桓公并没有听取管仲的警告而造成了祸端，但是我们不得不承认管仲有以点视面的敏锐洞察力。

在利用以点驳面术时，要通过仔细揣摩，找到最能体现对方论点特色的地方，也就是最有代表性的那个地方，然后通过对点的反击和驳斥，进而形成对整个面的否定，最终促使对方的理论体系迅速土崩瓦解。这远比眉毛胡子一把抓地整体反驳要有效率得多。这也是以点驳面的语言交锋术能赢得众人青睐的原因之一。

在现实生活中，究竟怎样才能更好地使用以点驳面术的语言交锋技巧来赢得胜局呢?

1. 找准特点，猛烈反击

在利用以点驳面术来进行言语交锋时，关键在于找准能代表对方言论的那个重要的点，一般情况下这个“点”具有代表性和特殊性，在对方的理论中占据重要位置，并且多次提及，只要找准了这个“点”，进行猛烈反击，往往能起到事半功倍的效果。因为这个点是重中之重，是对方的要害所在，我们反驳它，即可一针见血，由点及面，迅速让他人的言论崩塌。

据说东汉有个叫作陈蕃的孩子非常奇特。一天，他父亲的朋友薛勤前来拜访，只见屋里非常凌乱，各种垃圾到处都是。薛勤说：“你这孩子，怎么不知道收拾屋子来迎接客人呢?”

谁知道陈蕃竟然回答说：“大丈夫活在世上，要干的是轰轰烈烈的大事业，要扫除天下之不平，哪里顾得上去扫除一屋之污秽!”

薛勤听了哭笑不得，他反问道：“一屋不扫，何以扫天下?”

陈蕃无言以对。

薛勤抓住陈蕃的言论扫天下之不平而不扫一屋之污秽中的点“一屋”，然后进行了猛烈的攻击：“一屋不扫，何以扫天下?”由“屋”这个点波及“天下”这个面，告诉陈蕃，屋子都不打扫的人怎么可能把天下“打扫”干净呢?这恰恰击中了陈蕃的要害，令其哑口无言。如果当时薛勤抓不住这个点，而在“天下”这个面上做文章，是起不到任何效果的。

2. 由点及面，迅速波及

以点驳面法的使用过程中，还要注意一点，那就是在找准要点进行反击之后，由点及面，迅速波及，把这种言语所带来的反击面扩大，促使对方的言论和观点全面崩溃。事实上，这也是最终要达到的目的。其中，由点及面的过渡要合乎逻辑，能让人信服，不能牵强附会，更不能生搬硬套，避免适得其反。

妈妈在批评小明，她说："你怎么不抓紧时间学习啊？眼看着高考就要到了，别人都在挑灯夜战，你怎么反而吊儿郎当的呢？"

小明说："熬夜打疲劳战并非明智之举，学习是要讲究方式方法的，在学校里我早已经将今天的学习任务完成了，现在是我休息的时间，只有休息好了明天才能有更好的精力去学习啊！"

妈妈不再絮叨了，因为她觉得小明说的话确实有理。

在妈妈唠叨小明学习的时候，小明从她的言论中找到了关键的点，那就是"抓紧时间"。随后他着重针对这个点阐述时间和效率的关系，尤其是学习当中疲劳战并不代表能提高学习效率等，从而波及学习是需要统筹规划这个面上，并最终将妈妈的唠叨之声给平息了下去，赢得了最终的交锋胜局。

她宁愿把孩子给你，可见她才是孩子的母亲——连锁驳击术

在言语的交锋当中，通过把握环环相扣的逻辑关系，进行逐层的剥离，最终将他人的言论和观点驳斥得体无完肤，失去成立的条件，而败下阵来。在这个过程中，甲现象必然引起乙现象，乙现象又必然引起丙现象。这就是我们这里所要讲到的环环相扣、步步紧逼的连锁驳击术。

在利用连锁驳击术的交锋技巧进行言语攻防时，把握住前后言语之间的逻辑关系是关键所在，事实上，这也是让对方自乱阵脚的必要法宝之一。即

便你的对手再善于论辩，如果没有前后之间的逻辑支持，强词夺理终究不能以理服人。可见，要想实现环环相扣、步步紧逼，实现连锁驳击，对逻辑关系的透彻把握是必须的。

西汉时期，黄霸做了颍川郡的郡守，刚上任不久，就有两个妇人为争夺一个小男孩闹到了官府。

两人之间公说公有理婆说婆有理，一时之间，黄霸不知如何决断，于是对她们说："你们抢吧，谁抢着归谁。"

听到郡守这么说，两个妇人像疯了一样扑向孩子，一个抱着孩子的腰，另外一个拽着孩子的腿。孩子疼得哇哇大哭，可是两个妇人似乎并没有为之所动。见状，黄霸说："既然谁也没有办法抢得孩子，那么我提议不妨把孩子劈开，一人一半，你们以为如何?"其中一个妇人高声叫道："好，我赞成这么办。"另外一个妇人则流着泪说："还是把孩子给她吧。"

这时候黄霸抱起孩子递给了第二个妇人，第一个妇人不服气地说："你为什么把孩子给她呢？不是说要劈为两半吗?"黄霸转身说："你不是孩子的母亲，当然不顾孩子的死活，而她宁愿把孩子给你，也要保全孩子的性命，可见她才是孩子的母亲。"

在故事中，黄霸正是理顺了母子之间亲情关系的逻辑，才知道那个宁愿放弃孩子的归属权也要保全孩子性命的人，才是孩子真正的母亲。如果打乱了彼此之间的这层关系，那么想要辨别出真假母亲并非一件容易的事情。

在利用连锁驳击术的过程当中，要明白任何事物之间都有可能存在复杂的联系，在论辩当中，你要善于利用这种连环条件的联系，步步深入，接纳事物之间的必然联系，把前后论辩过程完美地串联在一起，让言语的逻辑更为严密，更有说服力。

连锁驳击术能利用严密的前后因果逻辑关系，让对方无言以对，败下阵来。那么，在现实生活中，究竟如何才能更好地使用连锁驳击术来达到制敌的目的呢？以下几点建议和意见，或许对你有很大的帮助。

1. 切中要害，一针见血

要想把连锁驳击术应用好，就要切中要害，一针见血地指出彼此之间的因果联系，然后逐层剥离，把这种逻辑关系简单清晰地展现出来，由A及B，由B及C，所以A和C之间产生了联系。如果要害把握不准确，逻辑就会产生混乱，不用对手反驳，你就会被自己的语无伦次的话语打败了。

一个母亲和儿子之间有深深的矛盾，当儿子的孩子出生之后，母亲不愿意帮忙照顾，这给忙于工作的儿子出了个大难题。为此，儿子特意请来了德高望重的老者来劝解母亲。老者指着儿子对母亲说："你是他的母亲，对不对?"母亲点了点头，老者接着指着婴儿说："孩子是你儿子的孩子，对不对?"母亲又点了点头。老者说："那么，孩子是你的孙子，对不对?"母亲再次点了点头。老者说："那么，既然是你的孙子，你为什么不照顾呢?"母亲哑口无言。

老者并没有和母亲理论，而是通过环环相扣，步步紧逼的方式理顺了"母亲—儿子—孙子"之间的逻辑关系，在连锁驳击之下，说得母亲无言以对，她认识到了自己的错误。

2. 抓住根本，展开延伸

任何事物之间都有千丝万缕的联系，这就需要我们在利用连锁驳击来进行言语交锋时，抓住根本，寻找到前后之间的联系，然后延伸，继而自圆其说，让逻辑严密起来，而不致被人抓住把柄。当然，在这个过程中，不能牵强附会，生搬硬套，要让你的言论和观点经得起推敲。

有个女孩子遇到了麻烦，眼看着女孩就要吃亏了，有个男生自告奋勇冲了过去，大声吼道："你们不许欺负她!"几个人互相望了一眼，问道："你是她什么人啊? 多管闲事。"男孩理直气壮地说："我弟弟喜欢她。"有个人笑着说："你弟弟喜欢她，关你什么事啊?"男孩说："你们欺负她，我弟弟会不高兴的，我弟弟不高兴了，我自然不会高兴，你说跟我有没有关系啊?”几个人见男孩铁了心要插手，只好说了一些狠话离开了。

故事中男孩要帮助女孩，故而说出了女孩和自己的弟弟之间的关系，继而延伸开来，找到了自己和女孩之间的关系，这种逻辑严丝合缝，经得起推敲。进而让想要找事的人明白，作为哥哥，帮助弟弟的心上人是合情合理的事情。如果男孩找不到合乎情理的逻辑关系，那些人就不会在意那非亲非故的人所说的话了。

狗为什么躲进窝里呢——因果矛盾术

生活中，我们经常见到这样的现象。两个人一起出去吃饭，其中 A 肚子不舒服，没吃多少就饱了，而 B 也没有多吃，于是 A 对 B 说：“一起去医院看看吧。”B 莫名其妙地说：“我没病，上什么医院啊?”A 说：“你没吃多少饭，难道不是肚子疼吗?”B 反问道：“谁说吃饭少一定是肚子疼呢?”A 哑口无言。

A 之所以无话可说，是因为 B 阐明了“吃饭少”和“肚子疼”之间的因果关系不成立，这就是我们这里要讲到的语言交锋的技巧——因果矛盾术。所谓因果矛盾术，是指在语言交锋当中，抓住对方的习惯性思维所产生的逻辑漏洞，证明前因和后果之间有成立的可能性，但是却没有必然性，继而让对方的论点和思想不攻自破，使其百口莫辩。

早上，天刚刚亮，千夫长挺着大肚子，摇头晃脑地进入了阿凡提的家里来收租。阿凡提家的看门狗一见是凶神恶煞的千夫长，于是迅速地躲进了窝里。千夫长瞪大了眼睛，咧着嘴，笑着说：“瞧瞧，阿凡提，你们家的狗多么地怕我啊，一见到我，连叫都不敢叫，夹着尾巴躲进了窝里。”说完，轻蔑地望着阿凡提，等着看阿凡提的笑话。

阿凡提不慌不忙地走出来说：“不，不是的，阁下，我们家的狗并不是真的害怕你才躲起来的。”

千夫长见阿凡提强词夺理，想要看看他如何丢人现眼，于是紧追着问道："那你告诉我，它不是害怕我，是什么原因让它一见我就躲进了窝里呢？"

阿凡提笑着说："那是因为它讨厌你，不愿意见你才远离你的。"

千夫长听了，哑口无言，只好赶紧转移了话题。

千夫长见狗见了自己躲进了窝里，认为是狗害怕他，事实上，这只是一种可能性，但是狗躲进窝里，未必全是因为害怕别人，阿凡提正是抓住了千夫长语言的逻辑漏洞，说出了狗有这样的反应的另外一种可能性，把千夫长辩驳得无言以对。这就是因果矛盾术的精妙所在，利用逻辑上的充分非必要条件，让原因和结果产生错位，达到了很好的语言交锋效果。

在使用因果矛盾术的过程中，一定要明白这样一个事实，很多事情表现得复杂多变，很有可能同样的原因会引起多种结果，也有可能一种结果是由多种原因引起的。这就需要我们在应对他人的言语攻击时，多考虑对方的言论是否严谨，前因后果之间是否存在必然的联系。

因果矛盾术在言语交锋当中往往能迅速让对方的逻辑崩塌。那么在现实生活中，到底如何才能更好地应用呢？下面简单介绍一下，希望对你的生活和工作有帮助。

1. 理顺逻辑，找出漏洞

有前因就会有后果，而前因和后果之间的关系亦是错综复杂，甚至还有可能前因和后果之间随时互相变换身份。比如生活中的一些恶性循环的现象就是很好的典型。这就意味着前因和后果之间存在着多种逻辑关系，而单一的前因得出结果的结论自然是不完全的。在语言交锋中，一定要理顺逻辑，找出对方言论的漏洞，然后指出，给对手致命的一击。

有一次，萧伯纳的脊椎骨出了毛病，医生决定从他的脚上取一块骨头来补脊椎的缺损。由于之前医院没有进行过相应的手术，所以非常重视。后来，当手术成功之后，医生想捞一点手术费，于是说："萧伯纳先生，你知道这是我从来没有做过的新手术啊。"

萧伯纳笑着说：“这好极了，请问你打算给我多少试验费呢?”

医生哑口无言。

医生觉得自己第一次做成功这样一个手术，作为病人的萧伯纳应该感激他，可是萧伯纳却转变角度，觉得自己是试验品，应该得到试验费，从而成功反驳了医生。对于第一次的手术，可以当作医生的苦心之作，但是也可以当作试验。萧伯纳正是抓住了这一点，利用了因果之间的错位矛盾，让医生哑口无言。

2. 反例入手，凸显矛盾

在利用因果矛盾术来进行反击时，如果从正面不行，那么不妨从反面出手，把前后之间的因果关系的矛盾凸显出来。在事实面前，即便对方再善于言辞辩论，也是巧妇难为无米之炊，不战自败。当然，选择的案例要经典，不痛不痒的案例不但不能凸显矛盾，而且会让自己处于被动当中。

在做家务的问题上，两口子之间发生了争吵。男人理直气壮地说：“我是男人，凭什么整天要我去做家务啊?”女人针锋相对地说：“男人怎么了？谁规定的男人就不能做家务了啊？家里要个男人做什么?”男人愤愤不平地说：“我要挣钱养家。”女人说：“我也在上班啊！按你那么说，我该待在家里让你养活，你要是觉得这样可以，那么家务我全包了。”男人想了想，还是乖乖地去做家务了。

男人觉得自己的责任是赚钱养家，做家务是女人的事情，女人并没有做过多的争论，而是顺着男人的思路，得出让男人一个人挣钱，自己全做家务的结论，在事实面前，男人自知理亏，只好乖乖地顺从了女人的指挥，做了家务。如果女人这时候不是从反例入手，而是和男人正面争论，或许不会收到这样的效果。

第四章

迂回曲折把弯绕，曲径通幽达意愿

俗话说，明枪易躲，暗箭难防。交锋其实就是一场虚虚实实的较量，直接进攻当然是方式之一，但这种让人一眼看清套路的进攻方式，同时也给了对方防御和反击的机会。然而，如果采用迂回交锋术，就能绕着弯子，让对方在不明就里的情况下输掉整盘棋，这才是交锋时更高明的招数。

弄清楚这次失职的人是谁——虚张声势术

动物园要处理一只年迈的老狼，但有一个摄制组刚好需要拍摄一只垂死的狼。于是，老狼在饿了三天三夜之后，变成了奄奄一息的“演员”。拍摄结束后，工作人员探了探老狼的鼻息，确定它已经死了后没有关上铁笼就离开了。然而，第二天早上，出现在摄影棚里的是一只眼冒寒光的狼。

在自然界中，没有多少动物比狼更懂得生存的法则。为了延续自己的生命，它们会用一切手段来伪装自己，以避过死亡的威胁——装死、群攻、龇牙咧嘴猛扑，这些都是虚张声势的手段。事实上，不言实事先虚晃一枪，这种虚而显实、弱而示强，让对方弄不清事实，从而不敢贸然行动的震慑之法，也是交锋取胜的一个砝码。

一家大型乳制品生产厂突然闯进一个中年男人，他气势汹汹地要找负责人“算账”。工作人员马上请来了总经理鲍勃先生，这位管理工厂近十年的负责人从容不迫地走过来，询问对方有什么事情值得这样大呼小叫。

“你以为我想做这种丢脸的事吗？”中年男人依然怒气十足地说：“我因为信赖你们，所以买了你们生产的牛奶，可刚打开盖子，就在里面发现了一只活苍蝇。真不敢想象，如果我喝掉了那瓶牛奶，现在还能不能站在这里？”

乳制品的加工程序很复杂，因为要防止乳制品的氧化变质，所以通常是抽掉瓶子中的空气，然后注入无氧气体后密封。也就是说，即使瓶子中真有苍蝇，也绝不会是一只活苍蝇。精明的总经理怎么会不知道眼前的男人是为了诈骗而来呢！但是，他不动声色地说："既然这位先生帮我们发现了问题，我们就要改正，并对此负责。"他转过头，对下属说："马上停止所有设备，并将所有主管叫过来，我要弄清楚这次失职的人是谁。"

让一家大型工厂停止运行，这可是中年男人没有想到的，而这个损失显然和他喝一瓶有苍蝇的牛奶不在一个等级上。他担不起这个责任，最重要的是，苍蝇事件原本就是无中生有。一看事情马上要闹大，中年男人马上改口："不用这么兴师动众，我只是想来提醒你们一下，既然引起了负责人的关注，我相信这种情况一定不会再发生。那么，我告辞了。"

鲍勃一眼就看出中年男人的真实来意，但他却不直接揭穿，而是智慧地使了一计虚张声势术。他摆出一副严肃的模样，勒令工厂因为一只莫须有的苍蝇而停工，让整个工厂为自己造势，从而让肇事者在巨大的责任面前露怯。而鲍勃真正的意图，就是为了维护工厂的声誉。

心理学研究发现，在不清楚对方实力的前提下，人们总是会被对方所呈现出来的气势所震慑，心生恐惧，甚至主动退出交锋。如果将生活比作一个战场，那么身在这个战场上的每个人都或多或少带着一些与生俱来的气势。只是，家庭背景以及教育程度等因素的不同，造成气势强弱也有所不同。然而，在人际交往中，决定胜负的往往就是气势的强与弱。气势强，我们就用底气取胜；气势弱，就制造声势，摆出一副势强的姿势。因此，活用虚张声势术是很有必要的。

1. 故弄玄虚

故弄玄虚，就是故意把一些看起来不可能或者不存在的事物以一种肯定而夸张的语气说出来，从而引起对方的好奇，同时扰乱其判断，最终实现自己的目的。

在一个又冷又下着大雨的夜里，一位年轻的旅者牵着马来到客栈，他急需烤火，可放眼一看，火炉边围满了烤火的人，没有人愿意给陌生人腾出位置。年轻人也不心急，只是以一种极平常的语气对店小二说："麻烦小哥给我的马喂一些活鱼。"

所有人都因为惊讶而回过头，而年轻人依旧理所当然地说：“不必怀疑，你尽管拿一些去就行了。”店小二拿着鱼，而他身后则跟着众多因为好奇而想要一探究竟的其他旅客。此时，火炉边只有一个人，那就是年轻人。

哪有马吃的不是草而是鱼？其实，问题的关键不在这里，因为年轻人只是想用这个离奇的方式为自己在火炉边赢得一席之地。换句话说，他让店小二给马喂鱼，只是他故弄玄虚而已。

2. 虚晃一枪，引鱼上钩

有时候，在和人进行语言交锋的过程中，为了保住自己的优势地位，让对方主动靠拢自己，也可以运用这种虚张声势的方法，一步步地探明对方的真实意图。

在电视剧《亮剑》中，有这样一个场景，李云龙在住院疗养期间，喜欢上了照顾自己的田雨。为了捅破这层窗户纸，又不让自己显得过于被动，李云龙就用了这样的方法。

警卫员:“首长，出院手续咱都办好了，您看咱还有什么事情没有办?”

李云龙:“当然啦，还有一件大事没办。我要走的事你跟小田说了吗?”

警卫员：“说过了。”

李云龙：“行了，先别打背包了，先放着吧。”（准备用奇招）

这时，田雨冲进来：“老李，你太不够意思了，要走了也不提前告诉我，还好朋友呢!”（中计）

李云龙：“小田，你这可冤枉我了。我谁都没打招呼，就通知你一个人。”

田雨：“这还差不多。”（妙语探出真心）

李云龙就是要探明田雨会不会出现，所以当田雨气冲冲找上门“兴师问罪”时，李云龙一句“我谁都没打招呼，就通知你一个人”，巧妙地把他对田雨的特别重视表现出来。李云龙这虚晃一枪，是一次“敌情侦察”，巧妙地试出了田雨心中是不是有他。因此，当田雨知道自己是唯一被通知者，面露喜色的时候，李云龙就知道自己的“总攻”已经胜券在握了。

我们疯狂地往前跑，然后突然改变方向——声东击西术

“我们疯狂地往前跑，然后突然改变方向”，这是美国MIC（美国微芯科技公司）董事长兼CEO（首席执行官）伯特·罗伯茨所说的创业宣言。从这句话中，我们能看到什么？那就是——声东击西术。

生活是一场交锋，要想赢得胜利，我们就必须学会伪装，学会隐藏自己的真实意图，从而有效地转移对手的注意力，麻痹对手，最终得到一击制胜的效果。声东击西术是这样一种有效的战术：我可以天南地北地说，但就是不说自己真正想做什么或者想要什么。你想要怎样猜测都可以，只要你没有猜对，或者一不小心露出了破绽，那我就会毫不客气地发起进攻了。

20世纪30年代的美国，居民用电并不是十分普及，电气公司有专门的推销用电的销售员，卡洛斯就是其中之一。他正准备去一位养鸡的老太太家里推销用电，可那位老太太是出了名的节俭，她笃定地认为，家里有了烛火照明就不需要使用电。

卡洛斯敲了门，开门的正是那位老太太。她看了卡洛斯一眼，随即冷淡地开口，但卡洛斯打断了她：“老太太，我今天不是来推销，而是来向您买一些鸡蛋的，听说您的鸡蛋是附近最好的。”鸡蛋的确是这位老太太引以为傲的一件事，因此她稍微放下了戒心，打开了门，卡洛斯走了进去。

进门之前，卡洛斯已经细心地打听过老太太的丈夫一直在养牛，两个人经常为养鸡好还是养牛好这个问题争吵不断。他指着牛棚说：“我看，您丈夫养牛赚的钱一定赶不上您养鸡挣得多。”这句话让老太太心花怒放，她当即表示要带卡洛斯去参观鸡舍。老太太兴致盎然地讲起了自己养鸡的心得，卡洛斯也兴致勃勃地附和着。随后，他说：“如果能用灯

光照射，鸡蛋的产量其实可以更高。”

老太太恍然大悟，这个年轻人的目的还是推销，但奇怪的是，她现在一点都不反感，反而饶有兴趣地询问用电是否合算以及如何使用等这些问题。卡洛斯进行了耐心的解答。同时，他又得到了一位忠实的客户。

不可否认，事例中的卡洛斯是十分聪明的。倘若他一开门便说自己是上门推销的，一定会吃闭门羹，所以他先隐藏了自己的目的，转而说起了老太太最引以为傲的东西——鸡蛋。推销员的做法让老太太认为，眼前的小伙子是因为她的鸡蛋的确不同凡响而登门的，所以，她渐渐放松了警惕。当鸡蛋的产量和灯光照明这个看起来完全不相干的东西连接起来之后，老太太的排斥心理也消失了。如此，推销成功就是必然的了。

事实上，东与西，南与北，看起来完全相反，常常会让人认为它们之间毫无关联。但实际上，世界上哪两种东西之间是完全没有关系的呢？正是因为物体之间的关联性，才让声东击西术有了发挥的余地。因此，在正面突击不能取得预想中的效果时，不妨从另一个方面着手，静待出手的最佳时机。

不过，声东击西术的目的是为了造成对方的混乱，让他摸不清自己的真实目的。所以，使用这一战术的前提是对方并不了解我方的情况，如果对方对我方的情况了如指掌，声东击西术就不能发挥效果了。古人云：“声东击西之策，须视敌志乱否为定。乱，则胜；不乱，将自取败亡，险策也。”也就是说，不能够造成对方混乱的话，就是在将自己的军。

那么，在哪些情况下适合使用声东击西术呢？

1. 需要转移对方注意力时

转移注意力是声东击西术非常明显的作用之一，因为突然提出不同的侧重点，会让对方本能地转移注意力，从而有机可乘。说到底，声东击西术的本质，其实就是一种掩人耳目的障眼法。

做皮鞋生意的宋先生一直想知道对方会采用什么样的付款方式，但作为对方代表的张先生却一直对皮鞋的价格有异议，双方正处于相持阶段，谁都不肯给一个明确答复。精明的宋先生立刻转移了话题，他不断询问对方订货数量、运输方式、提货日期等，当这些问题都解决完了之后，他顺理成章地问了付款方式。张先生也就顺口回答了一下，而这一顺口，就将僵局完全打破了。

连说十声“耗子”，再连喊十声“猫”，当有人问你耗子喜欢吃什么的时候，你会自然而然地回答“猫”，为什么？这就是一个注意力的问题。宋先生好比提问的人，而张先生则是喊“猫”的人，他的注意力在不知不觉中被转移了，当回过神来的时候，已经本能地给出了对方想要的答案。

2. 作为缓兵之计

对峙进行到一定阶段的时候，肯定会有一方想要放弃，如果你是不想放弃的那一方，那此时就应该采取声东击西的方式，为自己赢得一个缓冲的时间。一方面做出让步的姿态，让交锋继续进行下去；另一方面暗中寻找更为有利的解决方式。

一位工作能力颇强的员工突然向老板提交辞呈，老板十分不愿意放人。于是他为难地对那名员工说：“要走不是不可以，可刚刚有一个大项目下来，我觉得你是最合适的人选，所以已经向对方上报了你的资料。要不你先去看看，如果合适的话，你不妨做完这个项目再走。而且，我正准备提升你为经理，工资也会有所上涨。”

员工说要走，老板马上就说有一个项目需要他去完成，是不是真那么巧，有一个非他不可的项目？谁都不知道。但这种和辞职走人完全相反的升职加薪的处理态度，很明显是声东击西，用了一个缓兵之计——老板在为自己挽留人才而另做打算，而这需要一点思考的时间，员工到对方公司了解情况这一过程，就足够他想出一个好的对策了。

这个盘子太大了——曲线制胜术

一位顾客到饭店吃饭，他点了一盘菜，结果发现端上来的那盘菜只有刚刚盖住盘底儿的分量。于是他叫来服务员，说：“这个盘子太大了”。

上面这个简单的小例子，其实暗中说明了一种交锋的战术——曲线制胜术。有些不容易接近的人，就要去逢山开道，遇水搭桥；弄不清楚对方的真实意图，就要投石问路、旁敲侧击；而有些不能直接说出口的话，就要绕着弯子，也就是兜个圈子，让对方放松警惕，减轻敌意后再说。

一位年老的患者来到诊所，他的身体其实并没有出现大的问题，只是想要炫耀比他年轻不少的妻子。

“你不知道她有多漂亮，而且非常能干。”老者兴奋得满脸通红：“更了不得的是，她最近怀上了我的孩子。”

这些几乎每天都要听的话突然引起了医生的反感，他压抑着情绪，在嘴角牵出一个冷笑说：“我想到了一个故事。一个蹩脚的猎人盯上了一只老虎，他潜伏在老虎出没的地方，等待着时机。终于，最佳时机到了，猎人匆忙拿起身边的猎枪，可他错误地拿起了猎枪旁边的雨伞。眼看老虎就要冲到眼前了，慌忙换枪的猎人闭上了眼睛。接着，他听到一声枪响，老虎居然倒在他眼前，而他手里还拿着没来得及换的雨伞。‘我开枪打死了它，我开枪打死了它’，猎人大声说。”

“不可能，一定是别人干的！”老者抗议道。

“我也这么认为。”医生冷静地说。

沟通的目的无非就是让对方顺从自己的观点或者意志，而任何有独立观点的人，都是不喜欢将其强加于他人的人。因为，直接和贸然地让对方接受自己，只会引起其反感和防备。那么，如何做到让对方心甘情愿地臣服呢？当然就是避免直击主题，采用曲线迂回的方式，让对方在一种舒适的氛围中接受你的暗示，并从暗示中领会到你的意图，从而温和地按着你的意愿走。

医生是聪明人，他没有直接说出自己的目的——让老者停止炫耀，而是婉转地从其他话题入手，并将意图暗藏在话题中。老者从医生的“故事”中听出了弦外之音，更重要的是，医生巧妙地顾及了对方的颜面，对方当然就会顺势而下了。

1. 善用暗喻

同样的话，用不同的方式表达出来，获得的效果也是不一样的。很多时候，我们都习惯于采用有话明说的方式，但实际上，暗喻或许能够更好地获得效果。一些不便明说、会引起别人不快的话，不妨用暗示表达出来。

林肯总统每天的工作之一就是处理办公桌上那些冗长而复杂的文件。而每当他对这些文件感到厌倦，或者需要提出反对的时候，他就会说："当我派一个人出去买马的时候，不需要他告诉我这匹马身上有多少根毛，而是需要知道它的特点。"

在这里，马身上的"毛"和它的"特点"都是暗喻。"毛"指的是文件中那些冗长重复而且并不重要的部分，而"特点"，当然是指那些意义重大的部分。而这样令人印象深刻的暗喻方式，自然比平铺直叙地告诉别人要好得多。

2. 话中有话

活用口才的一个明显标志，就是话里藏话，一语双关，用弦外之音告诉对方你的真实意图是什么，或者通过这样的方式来隐藏真实目的。所以，活用话中有话，用话语中隐含的意思来达到自己的目的也是曲线制胜术的关键技巧之一。

我没听清你说的是什么——大智若愚术

有一天，森林中的狮子把一只狼叫来，问它自己身上是不是有臭味。狼闻了一下，诚实地说："是的。"狮子愤怒地咬掉了狼的脑袋。接着，狮子叫来了一匹马，问了它同样的问题，马想了想说："不臭。"狮子又咬掉了马的脑袋。最后，狐狸来到了狮子面前，它抽抽鼻子，对狮子说："大王，我今天感冒，闻不出来。"于是，狐狸平安地走出了狮子的领地。

著名的谈判大师荷伯·科恩曾经说："现实是一个巨大的谈判桌，不管你是否愿意，你都是其中的参与者。"其实，人与人的对话就是一场较量，想要说服对方、取悦对方也好，想要让对方与自己达成某种协议也罢，只要你想成为最终的胜利者，就不得不像狐狸一样，学会大智若愚，用自己的"愚钝"和"糊涂"左右对方，控制谈话的主动权。

第二次世界大战即将结束的时候，世界“三巨头”——苏联最高领导人斯大林、美国总统杜鲁门以及英国首相丘吉尔在波茨坦举行会议。会议期间，杜鲁门对斯大林说：“美国已经研制出了一种威力巨大的炸弹。”他说的，其实就是令人闻风丧胆的原子弹。

然而，令他不解的是，斯大林听完之后，脸上居然毫无表情，似乎在强强相争之下，美国超前研制出新型武器是件不值一提的小事。也有人说斯大林当时并没有听清楚杜鲁门说的话，因为他很快就将话题转移开了。

事实是不是这样呢？斯大林真对那么重要的信息充耳不闻？当然不是，他不但听到了，而且听得非常清楚，因为会议之后，斯大林马上对领导班子里的第二号人物莫洛托夫说：“我们应该加快工作进度。”没过多久，苏联第一颗原子弹响亮爆炸了，这一新闻无疑让杜鲁门和丘吉尔都大吃一惊。

那么，当初斯大林为什么会表现出漠不关心的态度呢？这要从他当时的处境去考虑，一方面，美国总统咄咄逼人；另一方面，英国首相虎视眈眈，这两个竞争者都在等着看斯大林的反应。所以，他让自己看起来毫无反应，甚至装傻充愣，让对方以为自己糊涂到忽略了杜鲁门的话外之音。这种大智若愚的智慧，不但麻痹了在场的两个人，也为苏联研制原子弹赢得了宝贵的时间。

人们总是容易在“糊涂人”面前放下戒心，因为“糊涂人”看起来愚钝，对自己有利无害，所以会不自觉地放松对这种人的警惕。事实上，即使你不是真糊涂，而是装糊涂，那种装出来的“糊涂样儿”也足以麻痹对方。这就是大智若愚术的奥妙——表面稀里糊涂，内心却亮如明镜，这种敌明我暗的状态，就是交锋取胜的关键。

大智若愚是一种技巧，重点是避开锋芒，避实就虚。

1. 不要针锋相对

一个人在显示自己的强大时，往往会采用最直接的针锋相对法，企图用正面的攻击赢得胜利。但有些时候，我们需要示一下弱，将猛烈的攻击隐藏在“愚钝”的外表下，然后在对方不注意的时候，给予重击。

有一位年轻人去拜访老子，在他这位后辈眼里，如智者一般的老子，家中理应整洁有序。但是，当他推门而入时，映入眼帘的却是一片脏、乱、差的景象。年轻人大声咒骂一通表示失望之后愤然离去，老子对此竟没有说一句话。

于是有人问老子为什么不为自己辩解一下，是不是害怕年轻力壮的后生？老子淡然道："他正在气头上，不管我如何争辩，他都一定会更加激烈地反驳回来。与其针锋相对下去，倒不如住口，任他发泄一番。"

老子的听之任之是输吗？并不是，其实他才是赢家，他的沉默应对其实就是最有力的回击。那种表面看似懦弱不吭一声的做法，其实是在表达长者该有的风度和礼数。这种暂避锋芒的做法，让他更受人尊重。

2. 学会使用似是而非的答案

生活不是数学题，也不是包拯手里的命案，因此并不是每件事都需要有一个明确的答案。当有些问题我们不能直接作答的时候，就要学会拐个弯儿，给出一个似是而非的答案，至于真正的答案是什么，那就留给对方想象去吧。

某国总统在一次记者会上遭遇一名记者的辛辣提问："总统先生，据说你的私人财产高达 30 亿美元。不知这一消息是否属实？"看起来，这只是一个简单的提问，但身为国家领导，这样的问题是非常敏感的。很明显，这名记者的真正意图并不是真想知道总统的资产有多少，而是暗指总统不廉洁。

总统对此反应很平静，他没有愤然起身，也没有表现出失礼，而是微笑着反问道："是吗？这个问题我也不太清楚，因为前不久还有一位国外的议员说我的财产有 60 亿美元。所以我自己也不知道我到底有多少财产。"

总统沉着冷静地"装糊涂"，把"财产是否有 30 亿美元"这个问题转移到国外议员的话上。同时，他给出的这个答案，既像是回答了记者的提问，又像是什么都没说，因为记者仍然不知道总统是否贪污受贿。这种看来连自己的账本都打理不好的糊涂做法，其实就是一种大智若愚的智慧。

这些服装并不适合中国儿童——欲擒故纵术

大雨下的公交站，一位年轻的女士牵着一只脏兮兮的小狗上了车。女士对售票员说："如果我给小狗也买一张票，它能不能占一个座位?"售票员微笑而礼貌地回答："当然可以。不过，它必须像别人一样，不能把脚放到座位上。"

这只是一则小小的笑话，但这个小笑话却告诉了我们一个大道理：想要委婉而不失礼貌地达到自己的某种目的，就一定要懂得欲擒故纵。将欲取之，必先与之，这是祖先流传下来的生活智慧。拒绝别人无礼的要求也好，想要对方赞成自己的观点或者建议也好，善用欲擒故纵术，总能为成功增添更多胜算。

1993年，世界顶级服装大师皮尔·卡丹先生来到中国西安，并且在西安准备了儿童服装系列展览。传奇大师的到来，无疑给当地的服装业掀起了一股飓风。稍微想要在服装行业做出业绩的厂家都知道，皮尔·卡丹先生这一次并不仅仅为了一场服装展览而来，他真正的目的，其实是在中国寻找一个事业伙伴。

康贝制衣实业公司总经理张锦雄当然也得知了这一消息，他跃跃欲试，想要得到这一机会。不过，这显然是一项颇有难度的挑战。他亲自参观了那场服装展览，然后不紧不慢地走到皮尔·卡丹的代理人身边，说道："贵公司的服装设计的确非常不错，不过，依我看这些服装并不适合中国儿童。"

代理人很快把这一说法反映给了皮尔·卡丹先生，年过古稀的大师听完之后也是一愣，他随即让人到康贝去考察。接着，一份合作意向书出现在了张锦雄总经理的办公桌上，然而，他给出的回答却是拒绝。

明明是朝思暮想的机遇，张锦雄为什么会一反常态拒绝了呢？因为他正在下套，一场欲擒故纵的好戏已经上演了。果然，康贝的这一做法引起了皮尔·卡丹先生的好奇，他在巴黎亲自会见了张锦雄，并明确表达了合作的意愿。这一次，张锦雄没有再推辞，而是说了句“合作成功”。

通常，人们在做一件事之前内心就已经有了一个期望，也总希望事情能够按照自己的意愿发展下去。所以，一旦有人出来干涉他的意愿，或者企图改变他的想法、将自己的意志强加上去，就会引起他的反感。在心理学上，这种心理被称为逆反心理。明确了这一点，接下来的事就很好办了，那就是反其道而行之，先顺着他的意思去做，然后引起其好奇，最后改变其初衷，这就是欲擒故纵术。

张锦雄自然深知这一道理，他知道一开始皮尔·卡丹先生绝不会与康贝合作。因此，不妨先假定双方不会合作这一事实。接着，他抛出诱饵，引起对方的好奇。在合作意向书送来之后，张锦雄再次运用了欲擒故纵术，从而使得合作的可能性变得更加明确。

欲速则不达的古训告诉我们，任何事情，如果太急于求成，总是会适得其反。就像猫抓老鼠一样，抓到后不急于吃掉，而是来来回回地抓住又放掉，等到老鼠筋疲力尽之后，它才怡然自得地享用美餐。

使用欲擒故纵术需要注意两点。

1. 增强轻松感，使人乐于接受

不管你的目的如何，最终的结果都是要一个人改变自己的初衷，这和他的意志是相违背的。所以，在使用欲擒故纵术的时候，可以尽可能地采用幽默风趣的说法，增强语言间的轻松感，使对方不致十分抵触。

某知名企业新招进了一批员工，这些人中有几名男员工留着长发，而公司的规定是男职员一律不得蓄发。对于刚刚进来的新人，人事部主任也不愿意一上来就让人看黑脸，于是决定用一个委婉的方式提醒他们，他说：“各位，你们头发的长短实在是个人的事，公司也不会横加干涉。所以，你们只要保持在我和副主任之间就好了。”说着，他和副主任同时摘下帽子，于是员工面前出现了一个光头和一个平头。在一片欢笑声中，新职员了解了公司的一项规章制度。

一开始，人事部主任就下了一个“纵”的圈套，那就是谁都不会去干涉你的头发是长是短。但很快，他话锋一转，“擒”计上场了——头发实际的长度需要大于等于光头，小于等于平头。

2. 先放后收，让人难以拒绝

欲擒故纵，当然就要先放后收。可这一放一收也是有技巧的，你得先做一个铺垫或者陷阱，让对方陷进去之后就拔不出来，不得不顺着你的意思走下去，否则此术的效果就显现不出来了。放的时候，要尽量顺着对方的方向走，使其混乱，产生错觉。紧接着，矛头直转回来，让对方没有讨价还价的余地。

话说一人到朋友家做客，闲聊过后已经到了晚饭时间。本来这个人并没有想留下来吃饭，然而朋友恨不得他马上就走的态度让他决定非留下吃顿饭不可。可赖着不走也不是他的作风，于是决定使一次欲擒故纵术。他指着朋友后院中的鸡说：“你知不知道鸡有七德？”

朋友惊讶道：“我只知道鸡有五德——文指其长相堂堂，武指其脚爪锋利，勇指其敢斗强敌，仁指其维护同伴，信指其按时报晓。不知还有哪两德？”

“你若舍得，我就吃得，这不就是七德了吗？”那人笑笑说。朋友连忙准备了饭菜留客。

看起来，这只是一场在庭院中的对话，朋友肯定也不知道那人为什么和他讨论鸡有几德这个问题，于是在不知不觉中走进了圈套，继而被引进了话题之中，从而无法拒绝客人留下吃饭的要求。

你的工作将会做得和你的人一样出色——言下之意术

在经典武侠故事中，总有一位大侠对另一位相见恨晚的大侠说：“兄台真是快人快语，能结交兄台这样豪爽坦诚的朋友，实在是在下的荣幸。”不过，请你相信，“有话但说无妨”这样的场景在现代生活中并不那么受欢迎。相反，人们更喜欢委婉地表达自己的意图，尤其是你说的话有可能引起对方的不快时，不妨让话绕个弯儿，让对方听出话中的“言下之意”。

说到美国总统，我们总是轻易地想到林肯、罗斯福等人，却忽视了另外一位虽然没有影响世界，但同样睿智的人——美国第30任总统，约翰·卡尔文·柯立芝。这位总统以沉默寡言而出名，他被人们亲切地称为“沉默的卡尔”。对此，柯立芝幽默地回应道：“我认为美国人希望有一只严肃的驴总统，我恰好顺应了民心。”

柯立芝上任后，他的秘书中有一位年轻漂亮的小姐，不过这位小姐的工作能力并没有她的脸蛋那样令人满意，而是经常小错不断。这些错误大多是粗心造成的，因此总统决定提醒一下女秘书。一次，秘书拿着文件走进总统办公室，一向少言的柯立芝看了看女秘书的着装，称赞道：“你今天穿的衣服非常漂亮，尤其适合你这样年轻又漂亮的女孩子。”一向不怎么说话的总统突然出言称赞，女秘书自然是受宠若惊。接着，柯立芝以同样的语调说：“所以，我有理由相信，你的工作将会做得和你的人一样出色。”

能够在总统身边工作的人自然是聪明的，粗心的女秘书同样如此，她很快便听出了总统的言下之意，那就是认真工作。从那天起，女秘书的文件中就很少出现差错了。事后，有人问柯立芝如何想到那样委婉的批评方式，柯立芝笑着反问道：“你知道理发师在刮胡子的时候为什么要先打泡沫吗？”

“因为这样，刮胡子的人就不会痛。”他接着说出了答案。

“因为这样，刮胡子的人就不会痛”，这是一句多么简单的话，然而，这句话中蕴藏的哲理却又是如此丰富。对执掌一个国家的人而言，作为协助自己管理国家的人，认真严肃的态度原本就是最基本的要求，柯立芝有权力对秘书严加斥责。但他没有那样做，而是委婉含蓄地提出了自己的观点，让秘书听懂了言外之意。这种方式就仿佛一支柔软的糖箭，虽然射中了目标，但是令人甘之如饴，欣然接受并做出改变。

生活中，想要严词拒绝一个人的无礼要求也好，想要对方同意自己的观点或者策略也罢，这些关乎利益冲突的话，一定要用婉转的、容易让人接受的方法提出来。事实证明，人们更愿意听那些令他们感到舒适的话，而不是咄咄逼人、不留余地的大直话。

而且，人们在乎的除了利益之外，还有面子和尊严，太过直接的针锋相对或者冷眼拒绝，在一定程度上会让对方认为你拒绝的并不是他的观点或意见，而是他本身。一旦让人心生反感，想要双方再次站在交锋的局面上，就更加困难了。因此，活用言下之意术是非常有必要的。

1. 模棱两可式的表达

当对方就某个问题或者观点对你提出疑问，而你又不能直接给予答案的时候，就可以采用模棱两可的表达方式。这种措辞方式所表达的言外之意有两种：一是我不能对你的问题做出明确的答复；二是答案我已经给出来了，要怎么理解就是你自己的事情了。

不难看出，这样的说话方式，不但能保留自己的意见，让对方摸不清底细，还能够在一定程度上让他们产生混乱，从而实现交锋胜利的可能。

一名按摩椅推销员敲响了赵老先生的门。赵老先生不情愿地把门打开，并让推销员进去。进门之后，推销员便开始滔滔不绝地讲解和介绍，还勤快地将按摩椅安装完成，让赵老先生躺了上去。

“老先生，不是我吹牛，我们的按摩椅真的是行业内质量和效果最好的。怎么样？您躺上去后感觉如何？”赵老先生躺上去后并没有什么特殊的感觉，因此语气平淡地说：“还好。”这样的语气，再加上那样模棱两可的回答，让推销员明白这位老先生一点购买的意思都没有，于是他便收拾东西走了。

“还好”“差不多”“还行”这样的话就是标准的模棱两可的回答方式。这种不咸不淡的回应方式，总会让人感受到你的漫不经心，从而听出话语中的言外之意，知难而退。

2. 委婉回避的表达

不管我们愿不愿意，生活中总有一些喜欢找麻烦的闲杂人等会时不时围在身边，问我们一些难以回答的问题。如果你不想伤了彼此的感情，那么不妨采取委婉回避的措辞方式，让对方知道自己问了不该问的问题。

1962 年，外交部长陈毅在一次记者会上遇到一名外国记者提出了这样一个问题："请问中国是用什么武器打下 U－2 型高空侦察机的？"这显然是一个非常敏感的话题，照实回答会泄露国家机密，但闭口不言又会让自己失礼于人前。不过，陈毅部长似乎并不以为意，他淡淡一笑，说："我们的武器就是竹竿呀！"

什么竹竿能把侦察机捅下来？很明显，陈毅将军在回避这个问题，但是他没有直接拒绝回答，而是以这种委婉的回避方式让在场的记者都心照不宣地终止这个问题，这就是言下之意术的绝妙之处。

我不喜欢他那副"长相"——暗示诱导术

你有没有注意到，在经济快速发展的同时，出现在电视屏幕和电脑屏幕上的广告也像海底的水草一样疯长起来了？其实，说到底，广告发展的原因就在于其暗示诱导作用的强大。它就像是一场商品和潜意识的交锋，商品广告不停地对潜意识暗示："买吧，买吧，我会满足你的需要。"于是慢慢地，我们开始了购买行为。

生活中，我们同样需要这样的暗示诱导。有些不方便直接开口拒绝的话，我们可以委婉暗示；一些难以正面提出的要求或者请求，同样可以利用暗示，巧妙地表达出来。要知道，嘴巴不但能说话，还需要会说话。

1860 年，林肯当选为美国总统，并由此开启了一位伟大总统的人生传奇。大家都知道，林肯的口才非常好，他那些机智、幽默而又妙趣横生的句子总是让人心生钦佩。下面就是林肯执政期间发生的一个故事，且看这位智慧的执政者如何运用暗示诱导的交锋之术吧。

林肯当选美国总统没多久，一位在他竞选过程中提供过帮助的议员便以"功臣"自居，并不由分说地为他推荐了一位阁员。林肯当下没有直接驳朋友的面子，只是表示会考虑。事实上他心里对这件事的态度十分明确，那就是拒绝任命被推荐之人。早在参加竞选的时候，林肯就听说过那人的斑斑劣迹，一个品行不正的人，当然不适合成为一国的阁员。只是，直接拒绝会让曾经的盟友颜面尽失，这种失礼于人的事，林肯也不想去做。

过了几日，朋友见林肯一直没有做出安排，于是找到他询问原因。林肯笑着说出原因："我不喜欢他那副'长相'。"

"这有点过分吧？"朋友立即大叫："一个人的长相是由父母决定的，你怎么能因为这种人力无法改变的事情而损失一员大将呢？"林肯仍然笑容满面地说："不，一个人过了四十岁，就应该对他的'长相'负责。"朋友听到这里，略微思考了一下，马上明白林肯真正的意思了，从此再也不提举荐之事。

林肯真正的意思是什么？难道不是以貌取人，单凭一个人的长相就否定了一个人的前程吗？当然不是，他口中的"长相"就是一个暗示，指代的并不是外表，而是人的内在——过了 40 岁，你就有义务为自己的品行负责。"长相"不好，其实就是暗指那人的人品不正，同时委婉地拒绝了朋友的推荐。这样既不得罪人，又让彼此在心知肚明的情况下停止这一话题。

心理学家认为，在日常生活中，心理暗示作用往往比正面交锋更有力度，更能达到自己的目的。"隐藏自己的真正动机，通过一些边缘话题或者肢体语言委婉、间接地表达出自己的意思，会让对方更愿意将话题或者决策引向有利于自己的方向。"这是众多善于利用心理暗示者总结的一句话，而这句话也充分表明暗示诱导术在交锋中的重要作用。当然，即使在针锋相对的时候，我们也需要尊重对手。

1. 暗示时，不要直接驳对方的面子

在沟通交谈的时候，不管是直接表明自己的观点还是间接提出意见，我们都需要以尊重彼此的立场为前提。没有人喜欢只站在自己的立场、语言强势的对立者，尤其是在使用暗示诱导术的时候，因为暗示本身就是很委婉的做法，所以在措辞的时候，一定不要引起对方的反感。

在法国小说的舞台上，有一位永远灿烂的明星，那就是伟大的巴尔扎克。刚刚成名时，年仅 30 多岁的巴尔扎克的虚荣心得到了极大的满足，他一度沉浸在一个骄傲自大的世界里，因此得罪了一些人。这种现象被他的老师看在眼里，智慧的老师决定给闻名世界的学生提个醒。可按照巴尔扎克当时的心理状态，任何大道理想必都是听不进去的。

一天，老师拿着一个小学生的作业本来找巴尔扎克，他说："亲爱的巴尔扎克先生，请您抽时间帮我看看这个学生的作业，帮我看看他的写作水平怎样，以后的发展前途又如何。"巴尔扎克拿过作业本翻看，说："亲爱的先生，请恕我直言，从这孩子的字迹和文章来看，他很迟钝，将来也应该不会有大作为。"

老师听后缓缓地说："我亲爱的学生，这是你当年的作业本。"巴尔扎克听完半晌没有说话，他知道，是时候改掉自以为是的傲慢病了。

老师想要表达的意思无非就是"你这孩子太狂妄了，就算名扬世界也不应该眼高于顶。一山更比一山高，要想有更大的成就，就把心定下来，专心创作"。但试想一下，如果老师真的这样说，巴尔扎克会有所顿悟，做出改变吗?

2. 找准一语双关的点

在使用暗示诱导术的时候，有一点非常重要，那就是用来暗示的语句必须与你所想要表达的意思有关，这样才能起到一语双关的作用。否则说了半天对方都不知道你在暗示什么，就难免事倍功半了。

有两个进城打工的人找到老乡李某，两人先后说了外出打工的艰辛之处，又说现在连租房的钱都没有。意思很明显，那就是要住在李某家。但李某家实在太小，一家三口挤在原本就不宽敞的房子里，怎么能再挤下两个人？不过他又不好意思直接拒绝落难的老乡，于是老婆好孩子好说了一大堆，最终还是撕破脸皮直接说了"我家里住不下，你们走吧"这样的话。赶来投奔的老乡双双愤怒而去，从此与李某老死不相往来。

其实，李某的失误并不在于房子太小，而在于他的暗示根本没有说到点上。本意是想说老婆孩子全挤在一起，家里已经没有多余的地方容下两人了，但因为不能准确地表达出本意，从而闹得不欢而散。其实他只要说："是啊，出来打工的确是辛苦。你看我，比你们早出来几年，才挣到这巴掌大的一点地方，还住着一家大小。我那刚刚上高中的儿子都睡沙发，真难哪!"这样的话说出来，想必再笨的人也会知难而退了吧?

对一个人来说，什么更珍贵——以近喻远术

所谓的以近喻远术，简单地说就是用眼前的、大家都比较熟悉的某个事物、某个浅显的道理去说明一个人们一时难以触及的问题，或某个较深奥的道理的论辩技巧。运用以近喻远交锋术，能够通俗易懂地说明某个比较深刻的道理或形象生动地解释某个比较抽象的事物。

它在法庭论辩、生活论辩等各种场合都会用到。因为眼前熟悉的事物和浅显常见的道理都是人们容易理解的，所以用此法可以少费口舌，加快论辩的速度，尽早将对方击败。但要注意的是，论辩过程中，用以比喻的事物必须是浅显易懂的，否则就谈不上以近喻远了。

加里宁是俄国布尔什维克一位杰出的宣传鼓动家。

一次，他向某省农民代表讲解工农联盟的重要性，尽管他做了详尽和严谨的论证，听众始终茫然而不得要领。

有人递上一张纸条："什么对苏维埃政权来说更珍贵？是工人还是农民?"

加里宁眼睛一亮，认为这是一个机会，可以让大家更好地明白自己演讲的主题，于是就抓住这个机会反问道：

"那么，对一个人来说，什么更珍贵，是右腿还是左腿?"

全场静默片刻，突然爆发出雷鸣般的掌声，农民代表们都笑了。

加里宁用一整篇长篇大论的文章没有讲清楚的问题，却通过用人的两条腿打比方，清楚地表明了在联盟中，工人与农民同样重要这个道理。在给别人介绍某个比较生僻的原理或者概念时，我们常用的方法就是使用最简单的比喻进行处理，也就是所谓的以近喻远。

在运用这个语言技巧时，要注意的一个问题就是要在一远一近两个问题中找到它们的联系点，不能随便用比，将两个风马牛不相及的事物硬性地进行拼凑，给别人造成思路上的混乱，反而让自己陷入不利的环境。

以近喻远术不仅可以体现出一个人的智慧，而且还可以营造一种幽默的氛围。而且，在运用这种语言技巧时，要注意对象的身份和文化特点，用对方可以理解的方式来表达自己的观点。

1. 结合具体的文化语境来以近喻远

在面对一个和自己文化环境不同的论辩者时，我们要想让对方更好地了解我们的观点，不仅要选择一个更加浅显的比喻，而且要结合对方的文化背景，选择他们最熟悉的比喻来进行深入浅出地讲解。这样，无论是从形象性上还是内在含义上都极为贴切。所以总结一下以近喻远术，就是把两个有内在联系的事物进行对比，以此说明某一道理。

2. 以近喻远，反驳对方观点

我们常说一叶落而知天下秋，在论辩中我们也可以运用这种由近知远的方法来寻找论敌观点中的破绽进行攻击，通过自己敏锐的观察力和极强的反应力找到对方论点的荒谬之处，一举将其驳倒。

> 哥伦布发现新大陆后，一些人不服气，在庆功宴上公开说：“发现新大陆有什么了不起？任何人通过航海都能到达大西洋彼岸，这是世界上最简单不过的事。”
>
> 对于这种非难，哥伦布没有马上回答，而是从桌上拿起一个鸡蛋，说：“先生们，这是一个普通的鸡蛋，谁能让它立起来呢？”
>
> 鸡蛋在宴会者中间转了一圈，也没人能让它立起来。当鸡蛋转回到哥伦布手中时，他敲破了鸡蛋的一端，毫不费力地把鸡蛋立了起来。不服气的人顿时吵嚷起来。哥伦布说：“这难道不是世界上最容易做的事吗？然而你们却做不到。是的，当人们知道了某些事情怎么做后，也许一切都很容易了。”

哥伦布抓住让鸡蛋立起来这样一件小事，来反驳对方认为的其发现新大陆的功绩很渺小。让自己的论敌们知道，即使这样的一件小事，在没有人做之前，他们也无法做成，况且是发现新大陆。他用生活中的小事以浅喻深，以近喻远，显示出论辩技巧的高明和反应的敏捷。

闺意献张水部——暗度陈仓术

一些语言技巧运用高手，在自己有求于人，或者自己有难言之隐，不方便直接表述时，往往不会直接将自己的意图显示给他人，而是用比较隐晦的词语，表面上说的是一件事，但是，实际上自己要表达的意思则是另一方面。这种运用语言的技巧就是所谓的暗度陈仓术。在我国古代，一些想要通过考取功名进入仕途的读书人，往往会给考试的主考官“献诗”。

> 早在我国的盛唐之时就盛行，士子科举应试前，向名人行卷，就是写文章给那些在当时颇有名气的文人或者官吏，展示自己的才学，以求被称颂而扬名，并希望自己被介绍给礼部侍郎。当时有一个考生叫作朱庆馀，在考试之前已经行卷给当时的水部侍郎也是著名的诗人张籍，并得到他的赏识。但临近考试，朱庆馀心中仍觉得忐忑不安，便想再次向张籍打探。于是又写下了《近试上张水部》：
>
> 洞房昨夜停红烛，待晓堂前拜舅姑。
> 妆罢低声问夫婿，画眉深浅入时无？
>
> 这首诗又被称作《闺意献张水部》。表面上，这首诗写的是一个昨夜刚过门的新媳妇要在天亮时拜见公婆，但因为怕公婆看不过眼，在一番精心打扮后，还胆怯怯地问丈夫，这眉毛画得是不是还可以？

这首诗写得非常巧妙，将自己当时非常忐忑的心情和刚刚出嫁到别人家的新媳妇进行比较，合情合理。用新娘那种既自信而又含羞、既期待而又迟疑的心理，来比拟自己在面对考试时候的心态，可谓细致入微，充满了浓郁的生活气息。

表面上写的是闺情，实际上则是暗含深意，将考官比作新娘的公婆，拿张籍比作自己的“夫婿”，内心惶恐地咨询自己的文采是不是可以得到考官的青睐。将自己的意图通过这首“伪情诗”进行了暗度陈仓，堪属绝妙之笔。

在实际生活中，我们也可以借用这种语言技巧，说自己所难言，表自己所难表。通过假象的营造来达到自己真实的交流意图。

在遇到别人的恶意攻击，或者面对强势者，要委婉表达自己的观点时，这种暗度陈仓术绝对是最佳的选择。

1. 主动抛出话题

交锋过程中，取胜的关键就在于掌握的信息量。要知道，交锋双方都不可能主动为对方提供完整的信息，这些都需要我们自己在虚虚实实的交锋过程中去寻找、分析以及判断。显而易见，所有的步骤都围绕着一个前提——你必须掌握足够的信息。

因此，信息获得的途径非常重要。这时候，我们就需要根据想要获得的信息来主动抛出能够引出主题的侧面话题，根据对方的回答和反应，让他们在不明就里的情况下败北。

一家大型服装公司正准备从一家服装工厂购进一批服装，但它难以确定服装的最低进价，直接询问后也不能肯定对方所说的话是否属实。于是，决策者决定主动抛出话题，他们想要知道提货价格。这个问题确实让工厂负责人为难了，因为他不知道服装公司的真正目的。如果对方纯粹为了摸底的话，据实回答就会让工厂陷入被动，但如果谎报的话，又有可能损失一大笔订单。

需要注意的是，主动抛出的话题一定要与你想了解的信息有关，最好是具有挑衅意义的话题，这样才能刺激对方回答，并从其回答中获取必要的信息。

2. 故意出错

在一场势均力敌的交锋中，出错几乎就等于认输。其实也不完全如此，有时候，故意出点错，反而会达到诱敌深入，让对方不明所以的效果。

这是一场批发商和零售商之间的较量。一开始，批发商给出的价格是300元，而零售商在心里内定的价格是270元。双方讨价还价了很长时间，最后在280元这个价格上再次陷入了僵局。这时候，批发商突然眼珠一转，说：“看在你诚心来做生意的份上，我就实话和你说了吧，300元已经是最低价了，但为了以后我们能经常合作，我就赔本，290元给你了。”听到这个价格，零售商的心里还在犹豫，毕竟比自己出的价格还是高了20元。就在他徘徊不定的时候，批发商又说话了：“这个价格已经是我可以接受的最低限度了，低于300元我是不可能给你货的。”

“刚才不是说以290元的价格给我吗?”零售商连忙说。批发商假装一愣，说道：“我那么说了吗?”最后，双方以290元的价格成交。

批发商的精明之处，就在于他故意出的那点小错。他故意说自己没有说过以290元的价格出货，但其实，他真正的意图是想让零售商知道，再犹豫290元的价格都不能进货。由此可见，故意出点错，不但不会让自己失利，反而会让你达到想要的效果。

只不过，在利用这一交锋术的时候，需要注意出错不要太明显，要掌握分寸，不要让对方有上当受骗的感觉。

第五章

借力打力不费力，巧借他言把事办

牛顿说："如果说我看得比别人更远些，那是因为我站在巨人的肩膀上。"这句自谦而自爱的名言告诉我们，有时候，你需要借助外力，这就是借力交锋术。任何一场较量都不只是单纯的两个人之间的较量，而往往是两种势力或者两股利益之间的较量。因此，不要把交锋变成一场单打独斗，必要的时候，要懂得借力打力才不费力，只要能取得胜利，巧借他人之言又如何？

胡说，每条鱼都三斤多——自相矛盾术

楚人在集市上出售矛和盾，他举起手里的矛说：“我的矛是天下最锋利的，无坚不摧。”吹嘘一番之后，他又拿出身后的盾，说道：“我的盾更是坚硬无比，没有什么东西能刺穿它。”这时，人群中有人笑问道：“那用你的矛攻你的盾，结果会怎样呢？”

这就是自相矛盾的来源，其寓意就是指一个人说话前后不一，互相抵触。在进行语言交锋时，我们可以利用一些技巧，诱导对方在表达自己观点时出现这种前后矛盾的错误，然后抓住时机攻击对方的观点。

有这样一个相声段子：一个人非常喜欢吹嘘自己能干，看到邻居经常在周末出去钓鱼，自己也吹牛说可以钓回来一大桶鱼。不过，这个人钓鱼的技术实在难以恭维，每个星期都是空手而回。为了挽回点面子，他到市场买回来几条鱼放到桶里，假装是自己钓回来的。到家之后，此人恰好碰到了那个喜欢钓鱼的邻居，两个人就聊了起来。

邻居：“哟，您这是钓鱼回来了？看来今天收获不小。”

此人得意扬扬地说：“没错，我赶上这一拨了。”

邻居看了看他桶里的鱼说：“你这鱼可真是行，都一样大小的啊？”

此人：“可不是，这一拨的鱼整齐。”

邻居：“你这鱼是买的吧？”

此人很不高兴，说道：“你什么意思？你会钓鱼，我就不会了？为什么我就是买来的？”

邻居：“对不起，对不起，我说错话了。你这鱼看着挺大的，得有两

斤多吧？"

此人："你胡说什么，这鱼每一条都三斤多，那秤还高高的呢！"

邻居："哟，您这怎么还有秤呢？"

此人："……"

在这个段子中，邻居其实已经发现了对方的鱼有点不同寻常，钓回来的鱼是不会这么大小均衡的，但是，直接说他是买的，不仅对方不会承认，而且还可能会影响邻里之间的关系。于是，他就故意从鱼的斤两上入手。爱虚荣的邻居一听他把自己的鱼说得这么轻，不自觉地就争辩了起来，明明自己刚刚还说这是自己钓的鱼，可是又说"每一条都三斤多，那秤还高高的"，在这种自相矛盾中，暴露了自己买鱼的事实。

通过这个例子我们可以看到，利用这种语言技巧在和别人进行交锋的过程中，首先要注意分析对方论点，找到论点中的漏洞或者虚假之处，然后根据具体的情况设置问题陷阱，让对方暴露出自己的言行不一，用自己的语言驳倒自己的观点。

上面的例子中，邻居就是发现了甲的论点"我的鱼是钓的"，但是又发现这些鱼大小一样这种矛盾情况，设置了斤两问题，让对方原形毕露。

在设置具体问题时，我们可以利用诱导法，使对方在不经意间落入自己的语言陷阱之中，就像上面的邻居所使用的方法一样。同时，我们还可以针对对方的论点使用推理法，巧妙地分析出对方论点与论证中的矛盾之处，用子之矛攻子之盾。

1. 诱敌深入，自揭矛盾

所谓的诱敌深入，就是指针对对方的论题特点巧妙地设置一些问题，让对方渐渐进入自己的语言控制之中，暗中引导对方的思路，让对方的论证与其所持有的论点渐渐出现矛盾，扰乱对方的思路。

古希腊有一位智者叫欧底姆斯。有一天一位年轻人来向他"挑战"。欧底姆斯上来就问了这个年轻人一个问题："你说，你学习的是已经知道的问题还是不知道的问题？"

年轻人觉得欧底姆斯这个问题非常可笑，想也没有想就说："当然学习自己不知道的东西了！"紧接着欧底姆斯又问道："你知道字母吗?"年轻人："当然了。""所有的都认识吗?""没错，所有的我都认识！""那你的老师在教你时，是不是也教你认识字母。""没错啊。""那这样的话，你的老师不就是在教你你已经知道的东西吗?""是这样的。""那这样的话，你说学不知道的东西才叫学习，那么是不是那些不认识字母的人在学习，而你并没有在学习呢?""不是，我也在学习！""可是你刚才说学习那些自己知道的知识，不叫学习。现在你又说你在学习。你刚才说的话难道是错的吗?"年轻人一下就不知道如何回答，甘拜下风。

欧底姆斯在这里就是运用的诱导提问法，让年轻人首先确立了自己的一个论点"学习是学不知道的东西"，然后混淆"不知道的东西"（学习前不知道）和"知道的东西"（学习后才知道）两个概念，打乱年轻人的思路，引导他说出了和自己最起初的论点不一致的结论，让他的论证自相矛盾。

2. 细致分析对方论点，推导其中的矛盾之处

在进行语言辩论时，对方的观点并不是无懈可击的。我们要根据具体的环境，分析对方的论点，找到他在论证过程中的漏洞，利用对方论据和论点进行推导，找出其中自相矛盾之处。

一位妻子和丈夫打架了，妻子一怒之下就离开了家。当时天已经非常晚了，于是她就拿着一个火把，一边走，一边说要自杀。这个时候，她遇到了一位年轻的小伙子。小伙子问她："你这是去做什么啊？天都这么晚了。"

妻子说道："我要去自杀，我老公对我太不好了！"

小伙子："那您干什么要用火把啊?"

"因为我怕路上有蛇。"

"您既然想死，为什么还要怕蛇呢？看来您一点都不想死。"

妻子一时无语，扭头回家了。

这个小伙子应付那位妻子的方法就是在对方的论点和论证中间，找到了一个漏洞，那位妻子说自己要去自杀，可又拿着火把怕路上被蛇咬到。在这个矛盾中，小伙子轻易地就将那位妻子的论点推翻，揭穿了她不想死的事实，她也只能就此回家了。

学术机构就像是一个男澡堂——制造论据术

制造论据术就是按照对方的思路，巧妙地设置论据，驳倒对方的观点，非常类似于以彼之道还施彼身的做法。而且利用这种依靠对方荒谬逻辑来进行驳斥的方法，更容易暴露对方论点的错误，将对方逼入死角。

艾米·诺德是德国一位著名的数学家。但是，当时的德国妇女地位非常低，即使艾米·诺德已经在数学领域取得了卓越的成绩，而且拿到了博士学位，但是她所在的大学依旧不给她授予讲师的身份，因此她也就不能正常开课。

但是很幸运的是，她的才华得到了当时著名的广义相对论的研究者希尔伯教授的赏识。希尔伯教授愿意为她争取一个大学讲师的身份，使她可以将自己的学术观点发扬光大。于是，在一次全校教授座谈会上，就艾米·诺德是否可以成为讲师这个问题，大家爆发了一场非常激烈的争论。一位教授情绪非常激动地说："怎么可以让女人进入这个神圣的科学殿堂呢？如果让她成为讲师，那么将来有一天她就会成为一个教授，就会参加各种学术会议。这样怎么能行？我们的最高学术机构不允许有这样的事情发生。"

希尔伯教授听后，没有进行激烈地反驳，而是继续说道："教授先生刚才的话简直是太对了。我们的学术机构就像是一个男澡堂，女人怎么能随便进入呢？"

刚才的教授一听非常生气，说道："你怎么能把神圣的学术机构说成男澡堂！"

希尔伯教授缓缓地说："那么你为什么要用性别做限制进入的法

则呢？”

众教授一时语塞。

希尔伯教授在面对对方教授的对女性不能进入学术殿堂的论证时，没有进行针锋相对的反诘，而是利用对方的观点，以自己赞同的姿态提出了学术机构像男澡堂这样的一个比喻。让一直自视清高的教授们感到难以接受。然后希尔伯教授将自己的话语矛头指向了那位教授“女人不能进入学术领域”的荒谬论点，暗示这个论点和按性别进入澡堂是一样的。通过这种利用对方荒谬思维的方法，希尔伯教授将对方的观点彻底驳倒，让对方无言以对。

我们在运用这种方法的过程中，并不能针对对方的所有论点，而是要找到那些带有荒谬性和虚假性的命题，在随着对方逻辑进行反驳时一定要清楚自己的立场，以免一时疏忽被对方压制。在根据对方论点设置论据时，一定要让自己的论据和对方的论点相联系而且可以凸显出其中的荒诞感。希尔伯教授在设置自己论据的过程中，不仅紧紧结合对方“女人不能进入学术机构”这一论点，而且“男澡堂”的论据设置也非常巧妙，将这个论据和对方的论点放在一起，不仅对比鲜明而且有一种讽刺的效果，更能体现对方论点的荒谬。

1. 仿造论敌论据，攻破论敌观点

在一些辩论场合，我们的对手有时会使出一些诡辩的技巧，提出一些看似合理但是逻辑荒谬的论点，在针对这样的对手进行反驳时，最好的方法就是利用对方的逻辑，仿造对方的论据进行反诘，将对方抛给自己的难题再踢回去。用对手的逻辑来攻击对手，使其无话可说。

杰克是一个非常聪明的孩子。有一天他和朋友们在村子旁的梨树林里玩耍，突然当地的一位贵族向他们走过来说：“如果你们要在这里玩，要缴纳费用。”

杰克问道：“我们要缴纳什么费用？”贵族不怀好意地说：“每天一枚公鸡下的蛋。”

杰克一听非常生气，可是，他小脑袋一转，立马想出了一个办法，他对贵族说道："那好吧，你明天过来收费吧。"然后便偷偷告诉小朋友们明天要怎么应付这个贵族。

第二天，杰克的朋友见到贵族后说："先生，杰克今天来不了了。他父亲正在家里生孩子呢！"

贵族一听就生气地说："你胡说什么，一个男人怎么生孩子？"

"那么您为什么要让公鸡去下蛋呢？"

杰克对付贵族无理要求的方法就是仿照贵族的逻辑和论据，自己又造了一个类似的论据——让男人去生孩子。让贵族自己承认这个论据无比荒谬，无意识中他就将自己的论点驳倒了。用一个更加荒谬的论据去驳倒对方的逻辑是这种"仿造论据"技巧的一个重要特点。

2. 善于借势，制造论据

无论是在实际生活中，还是在一些重要辩论场合，总有一些对手要故意给我们制造一些麻烦，有时候为了维护自己的权益，我们也可以借助对方荒诞的道理让对方吃点苦头。借助对方形成的一种逻辑思路，让他也感受一下哑巴吃黄连。

有一个小男孩去面包店买一个两便士的面包。但是他发现自己买的面包比平时爸爸、妈妈买的要小很多，于是就对老板说："这面包比平时要小很多啊？"

这个奸诈的老板说道："那不要紧啊，你这样小，这种面包你拿起来也方便。"

小男孩听后没有急着争辩，但是他只给了老板一个便士就走出了面包店。老板赶紧大声喊他："这个面包是两个便士的啊！"

"不要紧的，老板，"男孩不慌不忙地回答，"这样，你数起来会方便一点的。"

小男孩知道这是老板在刻意为难自己，但是他没有直接和老板争论，而是借助这个狡猾的老板所制造的逻辑态势，仿造了一个同样的论据，你为了我的方便，我也为了你的方便，将本来的面包价钱也打了一个折扣，没有让这个奸商占到丝毫便宜。

谁称为“英雄”更为合适——借题发挥术

在辩论中，当自己的论题受到攻击时，不直接从正面加以辩驳，而是借助对方提供的话题，或借助辩论环境中的各种场景，或根据新出现的情况等，加以联想，找出它们与自己所要述说的话题之间的相关性、相似性，趁势发挥，进行反击，促使论战局势转变，以维持我方原有的论战优势，或使局势有利的一面向我方转化，从而夺取辩论的胜利。这就是借题发挥式的交锋计谋。

在南北战争之后的一次竞选中，内战中的一位战士约翰·爱伦与内战中的英雄陶克将军竞选国会议员。从地位和功勋来说，爱伦显然处于劣势，然而经过一次竞选演讲，爱伦却取得了胜利。

功勋卓著，并曾任过三次国会议员的陶克将军在竞选演讲时说：“亲爱的同胞们，你们还记得吧，17 年前的夜晚，我率领着美利坚合众国优秀的士兵，在硝烟弥漫中与敌人在山上浴血作战，在树丛里煎熬了好几个晚上。如果大家还没有忘记我所经历的那场艰苦卓绝的、关系到美国命运的战役，在参加选举投票时，请别忘了那个吃尽苦头、风餐露宿，为了创造美国历史而立下赫赫战功的人，再为他投上神圣一票吧。”

陶克将军列举自己的战绩，想唤起选民对他的充分信任。他的话果然激起了选民们的一阵掌声和欢呼声。

约翰·爱伦接着演讲，他说：“亲爱的朋友们，陶克将军说得一点也不错，他就是在那场战役中荣获耀眼勋章的人。而我当时只是将军麾下的无名小卒，我除了代他出生入死、冲锋陷阵外，我还与战友们端着冰凉的武器，站在寒风冷雨的野外保护首长。将军裹着棉大衣在树林里呼呼大睡。诸位不妨想一想，是陶克将军还是我们这些饮风舔血的小兵更值得同情？是谁称为‘英雄’更为合适？今日的选举我想本人当之无愧。因为我是个平民百姓，始终代表你们的利益，请相信我吧！”

他的话音一落，立即引起了选民们更热烈的掌声。结果，爱伦当选为议员。

爱伦显然是在利用借题发挥式交锋计谋，这个“题”就是陶克。他借陶克的功劳顺势而上，把自己说得比陶克更加劳苦功高，变被动为主动，从而把“论敌”置于不利地位。这是爱伦取胜的重要原因。

之所以说是交锋计谋，是因为爱伦作为陶克将军手下的一名无名小卒，说不定连陶克将军都不认识，谈何在那天晚上保护他呢？再说经过血战后的那天晚上，是不是爱伦值勤还是个问号。不过，爱伦使出这样一招儿，显然是要选民们明白：将军虽然辛苦，毕竟还可以在丛林中安睡，战士连觉也不能睡，还得要站岗保卫他。从这方面来说，爱伦的“功绩”大于将军。最后，选民同情爱伦，选择了他当议员。

运用借题发挥式的交锋技巧，或借其人之道，还治其人之身，以“论敌”所讲的道理或所用的方法来还击他，达到反过来论证自己观点的目的；或依据当时的情势，借题发挥。成功的关键是要善于联想，顺应对方的话题或当时的情境做合乎逻辑的发挥，如此才能产生有力的反击和揭露“论敌”的作用。

1. 借题发挥，直接反驳

借题发挥式交锋技巧，就是借用某件事做文章，用以达到辩论的目的。运用这种技巧时，有时可以借其人之道，还治其人之身，以论“敌”所讲的道理或方法还击他，达到反过来论证自己观点、击退对方的目的。

2. 巧借话题，由此及彼

借题发挥式的诡辩有时可以顺应对方的话题或当时的情景，做出合乎逻辑的发挥，得出有利于自己的结论，帮助自己摆脱困境。

据说，某国大选结束后，新当选的首相发表施政演说。但是由于年龄较高，身体偶然不适，在演说中，他觉得腹中疼痛难忍，竟满头大汗，说不下去了。于是医生立即前来抢救。演说被迫中止，国人的心不禁被一层阴影所笼罩。

没过多久，这位首相又精神抖擞地返回讲台，听众们悬着的心总算放下来了，耐心地等待着他的下文。他扫视了一眼台下，镇定自若地说：“我们的国家就像我的身体一样，刚刚经历了一场深刻的危机，但是现在好了，危机已经过去，希望就在前头！”话音一落，全场响起了热烈的掌声。

这位首相深知由于他身体的突发情况，已经让听众心中留下了一层阴影。但他不愧是一位老练的政治家，借着他身体好转的话题对国家的前途来了个即兴发挥，由此及彼，以身体比喻国家，恰到好处，完全扫除了原有的阴影。由于他巧借话题，把整个演讲推向了高潮，收到了意想不到的效果。

我只希望工人们的努力不会白费——顺水推舟术

在口才交锋中，如果你人微言轻，所处的地位不利于言说的时候，可以借助他人的力量来帮助我们一起说理，借用别人的力量来增加自己说话的分量，引起对方的重视。但是在借用别人的力量时，我们也不是随意选择，通常情况下，我们要选择那些大家都比较熟悉或者比双方都更有威望的人。

我们来看松下幸之助在推销产品时是如何借用他人力量的。

松下电器在刚刚成立之初，只是一家小小的店铺，创始人松下先生经常要亲自到顾客家中去推销产品。推销时，松下总会遇到各种各样的顾客，特别是遇到那些非常会砍价的顾客时，松下先生总有自己的一套应对方法。

有一次，松下在一个烈日炎炎的中午敲开了一位顾客的大门，在对自己的产品进行了详细介绍后，顾客的脸上露出了想要购买的表情。于是这位顾客就开始和松下讨论起价钱：“先生，你的东西很好，但是我从来没有听说也没有用过这个牌子的东西，而且还这么贵，你应该便宜点，这样我可以用用试试，如果真的好我下次还会去买其他的东西。”

其实，当时松下给这位顾客的报价已经非常优惠，再便宜恐怕自己连本钱也收不回来。但是他没有直接强调自己的产品不能降价。而是接着刚才对方的话语继续说道："您说得没错先生，我们这个品牌很小，刚刚建立，所以作为工厂主我自己也要出来进行推销，而且您知道吗？在这炎炎夏日里，我的工厂里还有工人汗流浃背地继续生产。这些产品是他们用心血制造出来的，光是成本就比您刚才的报价要多。我只希望工人们的努力不会白费。"

这位顾客听后哈哈大笑说道："您这话说得真是合情合理，我也不好意思继续讨价还价了，就按照先生刚才的报价我买下了。"

松下幸之助面对顾客的讨价，没有就价钱问题喋喋不休，这样很可能使对方感到厌倦，最终让可能到手的生意泡汤。他从顾客所说的"没有听说也没有用过这个牌子的东西"入手，开始说起了自己创业的艰辛和工人在这样炎热天气中工作的辛劳。引起顾客对于自己努力的认同。

面对对方的降价要求，松下先生反而借用了对方的话语来委婉地表达自己的意图，缓解了直接拒绝对方要求可能给对方心理造成的不舒服，利用对方对自己商品的不熟悉，顺水推舟地解释了自己工厂在制作产品过程中的不易，迫使对方在这样的事实面前也不得不退一步。这种语言交锋技巧的好处很明显，既增加了自己立场的坚定程度，又避免直来直去造成的尴尬，增加了口语的生动性和感染力。

这种借助他人力量来进行说理的方式在我们的日常生活中是非常常见的。比如，你如果想让科长接受你的意见，可以在表达意见后，附带地说，"处长也是这么说的"。在商店买东西时，面对犹豫不决的顾客，如果导购员说出一个著名的明星也喜欢用这种化妆品或者也喜欢穿这样的衣服的时候，往往也能打动顾客的心。

这种借助别人的力量来顺水推舟进行论辩的方式，还可以借用"论敌"的论点，表面上进行迎合，但是同时也寻找合适的时机，突然来个回马枪，杀对方一个措手不及。

在论辩过程中，他人的话语往往具有一种更加强大的说服力量，特别是那些重要人物的语言。当你借用他人的语言力量时，无形中可以增加自己说话的可信度，渐渐地消除对方的敌意，使其认同你的观点。

某大学举办了一场关于诚信的辩论赛，赛况激烈，胜负难分。在最后一轮，正方决定用一个“曾子杀猪”的故事来增强自己的论证力量，正方总结如下。

古代中国有一位圣人叫作曾子，他十分看重诚信这个问题。有一天曾子的夫人到集市上去赶集，她的孩子哭着闹着也要跟着去。曾子的夫人对他说：“你乖乖在家里待着，待会儿我回来杀猪给你吃。”

曾子的夫人到集市上回来后，看见曾子要捉小猪杀，赶紧说：“你这是做什么？我只不过是跟孩子开玩笑罢了。”

曾子听后便说：“可是孩子不知道你这是开玩笑。孩子还小没有思考和判断能力，现在你在欺骗他，他就从你这里学会了欺骗。以后孩子就不会再相信你了，这不是教育孩子的正确方法啊！”于是曾子把猪给杀了，煮了之后给孩子吃了。

这个故事告诉我们诚信是维系一个社会的基础，我们每个人都应该保持一颗诚信之心。曾子对孩子守信，目的在于用诚信的人生态度去影响后代，体现了儒家“言必信”的道德理念。正方在进行最后的总结时，没有单纯地强调“诚信”这个概念的含义，而是引用了圣人的故事作为自己说服对方和观众的材料，利用古人的事迹来说明自己这一方的观点已经经历了千年的验证，必定是最正确的，使己方观点得到有力的阐释。

借用他人的力量，顺水推舟地阐释自己的观点，这种技巧往往可以增强说话者的话语力度，助力语言交锋的胜利。

原来是两只青蛙高兴地叫起来了——推陈出新术

在语言交锋中，有时候利用模仿对方语言或者语式的做法，可以达到一种推陈出新的效果。这种语言技巧可以使我们的语言更加生动活泼。在一定的语境下，更能凸显一种讽刺的锋芒。俄罗斯的著名作家克雷洛夫就曾经利用这种模仿对方话语来传达自己意见的方式，化解对方的攻击。

> 据说，有一次克雷洛夫在午后到花园散步。克雷洛夫的体形非常胖，也常常有人拿他的这个体形和他开玩笑。在公园里，他碰上了两个花花公子，这两个人看到克雷洛夫走过来，就不怀好意地故意高声说道：“哎呀，我说怎么太阳突然间就不见了，原来是一朵乌云突然走过来了！”
>
> 克雷洛夫听到了这两个人的交谈，没有恼羞成怒，而是用和他们类似的语句说道：“哎呀，我说怎么周围突然这么嘈杂呢，原来是两只青蛙高兴地叫起来了！”

面对两个青年人的恶意嘲讽，克雷洛夫借用他们的语言形式，以及阴天下雨青蛙就会叫的常识，将攻击又甩给了对方，让两个花花公子自食恶果。

在克雷洛夫的这次“模仿回击”中，他不仅模仿了两个年轻人的语言逻辑，而且在句式、语气、用词上都进行了模仿，使自己的回复有理有据，达到了非常好的反驳效果。

在这种语言技巧中，我们不仅要模仿对方的句式和语言，更重要的是要对对方的攻击形成一种反攻的架势，在运用这种“仿句”技巧时，我们尽量要让自己的仿句和对方形成一种联系，甚至要比对方的嘲讽更加犀利，就像克雷洛夫在自己的仿句中利用对方阴天的话语引出了青蛙乱叫。

在日常生活中，也可以运用这种语言技巧来反驳别人对于我们的嘲讽。比如，有一次，一个小伙子见到自己喜欢的姑娘，就过去上前搭话。可是这个姑娘特别高傲，见到小伙子过来，就说了一句：“我说怎么耳朵边嗡嗡地响，原来是一只苍蝇飞过来了。”小伙子听到她这话，心里非常不舒服，于是就说：“我说我怎么这么着急往这边跑，原来是看到了一堆垃圾。”

小伙子在反驳姑娘的嘲讽时，运用了和对方一样的句式，而且利用姑娘说自己是苍蝇的比喻又把姑娘比喻成垃圾。让对方因为这种语言感到尴尬，意识到自己语言太过苛刻。

在运用这种语言技巧时，模仿的手段是比较灵活的。我们不仅可以模仿对方的话语形式，同样也可以通过模仿对方的逻辑思维来进行自己观点的

“出新”。

1. 模仿对方句式进行观点出新

对于这种应用，上面的例子已经给了大家一点启发，在模仿对方句式进行自己观点出新时，我们要注意在模仿过程中，要将对方所使用的句式、语言和口气进行充分的把握和调动，使自己的语言起到一种类似镜子折射阳光的作用，让对方的攻击全部返回到他们自己身上。

从前，有一个地主，在寒冷的冬天让自己家的长工在外面扫雪。因为天气很冷，所以长工就把羊毛大衣穿了出来。地主一见到穿成了这个样子的长工，就想羞辱他一番，于是便说道：“哟，你披了一张兽皮就出来了。”

长工听后，抬了抬头说道：“哟，您怎么穿了一件人皮出来了？”

地主原来的意图是想借着讽刺长工穿兽皮这件事情，讽刺他们生活没有人样。于是长工就从“人”和“兽”的角度着手，用和地主相同的语气说地主今天穿了人皮，讽刺地主本质是“兽”，将讽刺的矛头转回到了地主身上，让地主搬起石头砸了自己的脚。

2. 模仿对方思维进行推论

在进行语言交锋时，如果可以捕捉到对方语言中明显的推论错误，我们就可以模仿对方的推论形式和逻辑思维推论出荒谬的结论，用这种方法来将论敌驳倒。这种情况适合在面对一些非常善于诡辩的人时使用。

一位水库区的巡逻员有一次发现了一个偷偷钓鱼的人。他将这个人叫上岸，然后对他说：“先生，这里是禁止钓鱼的，您这样做违反了规定，我要对您进行罚款。”

这个人一听，便回答说：“我没有钓鱼啊，我只是让我的蚯蚓在这里游一会儿泳而已。”

巡逻员听后一愣，但是随后又说：“那您让我看一下您这个正在游泳的蚯蚓吧。”

钓鱼者听后就将自己的鱼竿提起来，巡逻员看到蚯蚓后接着说："对不起，您的蚯蚓是裸体游泳，按规定还是要罚款。"

在这场论辩中，我们可以看到这个钓鱼者是非常狡猾的，面对巡逻员的质询，他只是说自己的蚯蚓在游泳而否认自己钓鱼的事实。但是，巡逻员面对钓鱼者这种荒谬的论断没有失去分寸，而是跟着钓鱼者的逻辑进行模仿，要看一下正在游泳的蚯蚓，利用蚯蚓没有穿衣服这样荒谬的借口回击钓鱼者的荒诞逻辑，使钓鱼者最终无话可说。

把账单寄给我的姐夫好了——借坡下驴术

"借坡下驴"这个熟语我们并不很陌生，我们都知道，骑驴子时若直接从它身上下来有时候可能会摔跤。如果我们可以找个陡坡，让驴子在低处，我们在高处，那么下驴的时候就要安全容易得多。在语言交锋中，这种借坡下驴的技巧我们同样可以拿来用上一用。

在一些辩论场合中，我们可能会因为失误或者因为对方强大而让自己处于一种进退两难的境地。这个时候，我们可以借用外界的力量，或者是别人的支持或者是相关的事例，为自己搭一个坡，并且趁机抓住对方的漏洞，扭转自己的局面。

一个阳光明媚的午后，约翰一个人在田野里散步，可是对面走来了几个纨绔子弟，见到衣着寒酸的约翰就想羞辱一番。这个时候，不远处的牛群"哞哞哞"地叫了几声，他们几个走到约翰面前，不怀好意地对约翰说道："喂，你快看，那些牛正在叫你呢，你快点过去看看吧，看它们要和你说什么。"

约翰听了他们的这些话，没有恼羞成怒地反驳，而是在他们的笑声中走到了牛群面前，真的侧着耳朵开始听，还时不时地点头。过了一会儿，他走了回来，对那几个不怀好意的人说："刚才牛问我，为什么和你在一起的几头驴笑得那么开心？"

还有一次，约翰生病去医院，他对护士说："请您把我安排在三等病房吧，我没有很多的钱。"

护士很不屑地说："你难道就没有什么亲人来帮你一下吗？"

约翰说："我只有一个姐姐，可是她是一个修女，也没有什么钱。"

听了约翰的话，护士突然高声说："谁说修女没有钱，她们非常富有，因为她们和上帝结婚了。"

约翰听后，没有进行多余的反驳，而是继续说道："那好吧，请您把我安排在一等病房，然后把账单寄给我的姐夫好了。"

两次面对他人的蓄意挑衅，约翰没有面红耳赤地和对方争辩，而是将对方的话语接过来，给自己搭建了一个可以顺势下驴的坡，同时又将讽刺的矛头指向了对方，让他们自己尝到了羞辱别人的恶果。在第一个例子中，几个年轻人将约翰看作一头牛，约翰就顺势去听牛说话，然后告诉他们牛很好奇你们这些驴在笑什么。他借着对方的诋毁，轻松地就将自己的劣势转化成了一种优势。在第二个故事中，约翰则借用护士关于修女和上帝结婚的荒唐语言，承认上帝是自己的"姐夫"，并且让护士将账单寄给上帝。这样的反诘将护士逼进了死角，护士想要羞辱别人不成，反而搬起石头砸了自己的脚。

可见，这种借坡下驴的语言技巧在进行交锋时，不仅可以帮助我们顺利扭转劣势，而且还可以有效地扭转对方的攻击指向，体现出语言的幽默和生动。

1. 借坡下驴，变不利因素为有利因素

在辩论中，我们不可能总是可以保持自己的优势地位，在某些时候我们会因为对方气势过强或者对方论点的犀利暂时处在下风的位置，在这种情况下，我们要保持冷静的头脑，有条不紊地进行自己的辩论，仔细分析对手的话语，找出其中的问题，并且借此为"坡"成功拿下。

在某大学中文系举行的一场辩论比赛中，针对"愚公是搬家更好，还是移山更佳"这个论题，双方进行了非常激烈的争论。这场争论一直

僵持不下，双方都有非常充足的论据证明自己的观点。

在第二轮论辩中，支持愚公应该搬家的一方说了这样的一段话：“对方辩友请注意，如果愚公想法灵活一点，不要紧紧抓住‘山’这个问题不放，而是自己换一个地方居住，那么不仅省事而且还不用活得那么辛苦。”

这时，支持愚公移山的另一方顺势说道：“愚公搬家绝对是一个很好的办法，可是，对方辩友有没有想过，愚公住的地方因为两座大山，他连门都出不了，他们要怎么搬家呢？”

在这种辩论会场合，正反两方总会坚持自己的立场，希望用有利的论据驳倒对方。但是，无论是哪一种论点都有自己的缺陷在里面，在这种时候，我们就可以巧妙地借用对方话语顺势给自己搭个台子，让自己顺利地逃离尴尬处境。

2. 借助外力使对方攻击矛头转向

在日常生活中，我们也总是会遇到陷入别人攻击的情况，直接对抗有时候并不能带来优势，这个时候我们要善于借用外部的力量，来提升自己的气势。

乔治·莫瑞是英国著名的诗人，在当时受到了很多人的喜欢，很多上层人士也非常尊敬他。他没有显赫的出身，只是一个木匠的儿子，但是在和别人接触时他从来都不会隐瞒自己的出身。

有一天，乔治去参加一个沙龙，在沙龙上他遇到了一个纨绔子弟，这个人对乔治非常妒忌，认为一个木匠的儿子根本不应该有这么大的成就，于是就想趁机羞辱他一番。他走到乔治的面前，说道：“对不起，请问阁下的父亲是一位木匠吗？”

乔治礼貌地回答说：“是的。”接着这个纨绔子弟傲气十足地说：“那他为什么没有把你培养成一名木匠？”面对这个人的无理取闹，乔治没有表现出愤怒而是问道：“请问您的父亲是一位绅士吗？”纨绔子弟看了他一眼说道：“当然了。”乔治又说：“那他为什么没有把您培养成一位绅士呢？”

面对对方的有意侮辱，乔治没有直接和他进行辩论，而是借着对方提出的问题，自己借坡下驴，利用对方的问话方式进行了反问，纨绔子弟的意图不但没有实现，还受到了乔治的讽刺。

我不是这种靠不住的人——借物附意术

一些语言技巧运用高手，在自己有求于人，或者自己有难言之隐不方便直接表述时，往往不会直接将自己的意图显示给他人，而是用比较隐晦的词语，表面上说的是这方面，但是，实际上自己要表达的意思则在另一方面。这种运用语言的技巧就是所谓的借物附意术。

鲁迅是中国现代文学中的一位大家，他的杂文笔锋犀利，被认为是投向敌人的一把锋利匕首。在对反动派和投降者进行讽刺时，鲁迅先生的笔，向来是毫不留情的。

在他的杂文集《且介亭杂文末编》中，有这样的一段话。

A：“B，我们当你是一个可靠的好人，所以几种关于革命的事情，都没有瞒了你。你怎么竟向敌人告密去了？”

B：“岂有此理！怎么是告密！我说出来，是因为他们问了我呀。”

A：“你不能推说不知道吗？”

B：“什么话！我一生没有说过谎，我不是这种靠不住的人！”

而且，在其他的作品中，鲁迅对于汉奸的讽刺也是一针见血。他曾经将汉奸比作是叭儿狗，说每一个穷人走过它的身边，它都要狂吠不止，而且还指出叭儿狗的这种狂吠有时候不是得到了主人的指使，而是它们往往比主人更加严厉。

在《朝花夕拾》中，鲁迅先生还运用了“吸了血还要嗡嗡叫的蚊子”“脖子上挂着铃铛的山羊”以及“媚态的猫”来讽刺那些资产阶级的御用文人，不仅不和民众在一条战线，还要帮助官僚一起来剥削人民。

鲁迅的这种语言讽刺都是借用他物来进行的，是在其他事物身上灌注自己的思想，让抽象的说理变得更加生动，而且讽刺力也借助这种借物附意术表现得更加深刻、具体。

在实际生活中，我们也可以借用这种语言技巧，说自己所难言，表自己所要表。通过假象的营造来达到自己真实的交流意图。

在遇到别人的恶意攻击，或者面对强势者要委婉表达自己的观点时，这种借物附意术绝对是极佳的选择。

1. 面对蓄意挑衅时的语意转移

在辩论时，或者一些谈判场合，我们可能会遇到对方不怀好意的言语攻击。在面对这样的攻击时，如果我们沉不住气，恼羞成怒，则会让我们成为大家的笑柄。如果和对方硬碰硬，又难免会让自己陷入更加尴尬的境地。因此，在这个时候，如果我们可以将对方的矛头转移到他自己身上。寻找对方语言中的漏洞，利用语言将语意进行暗中转移，就可以挫败对方的意图。

有一次，俄罗斯著名的马戏丑角演员杜罗夫先生举行观摩演出。中间休息时，一个傲慢的贵族观众走到他面前，讥讽地问道："丑角先生，观众对你非常欢迎吧?"

"还好。"

"作为马戏班中的丑角，是不是只要生来有一张愚蠢而又丑陋的脸蛋儿，就自然会受到观众欢迎呢?"

"确实如此。"杜罗夫悠闲地回答："如果我能生一张像先生您那样的脸蛋儿的话，我准能拿到双薪!"

杜罗夫在听到这位贵族的调侃时，并没有表现出羞愧或者是恼羞成怒地和对方争论一番。如果当时杜罗夫这么做了，最终会沦为别人的笑柄，更让自己像个小丑。

他利用借物附意术，将这个贵族的话进行了适时的发挥，把本来意欲讽刺自己的话，进行了反向利用。借用对方的长相将讽刺的矛头转到了那名贵族身上，让贵族讨了个没趣、自取其辱。

2. 借其他事情委婉表达

我们都有这样的经历，面对自己喜欢的人，我们总是不能直接开口表达自己的爱慕之情。这个时候，我们就可以借用其他的事情来委婉地表达自己的愿望。

有一个小伙子爱上了一位漂亮的姑娘。一天，他又来到了姑娘家做客。两人在火炉边边烤火，边吃姑娘刚刚烤好的碎肉馅饼。最后，他说道："你的火炉跟我妈的火炉一模一样。"

"是吗?"姑娘漫不经心地应道，她还以为这是小伙子随便说的一句话。

"你觉得在我家的炉子上，你也能烘出同样的碎肉馅饼吗?"他又问道。

姑娘愣了一下，顿时悟出这句话所"暗示"的意义。她欢悦地答道："我可以去试一试呀!"

可以看出，这个小伙子是一个很聪明的人，如果他直接问女孩可不可以嫁给他，在毫无思想准备的情况下，姑娘很有可能就会拒绝，那样再见到姑娘彼此都会觉得尴尬。但是，他用烤肉饼的方式来邀请姑娘去自己家，如果姑娘不愿意，也不会让双方都感觉到尴尬，如果答应了，则是一件两全其美的好事。

抽烟的三大好处——连续变意术

连续变意术的主要特点就体现在"连续"和"变意"两个方面。这种语言技巧的使用往往是接在对方语言的后面，从这个方面体现出"连续性"。虽然是从对方的语言中结束自己的话，但是却改变了原有语言的意思，将自己要表达的观点灌注进这种连续的语言中。一般来说，这种连续变意的语言技巧往往能够起到讽刺对方的作用。

美国有个倒卖香烟的商人到法国做生意。有一天，他在巴黎的一个集市的台子上滔滔不绝地大谈抽烟的好处。突然，从听众中走出一位老人，连招呼也不打，就走到台上非要讲一讲不可。那位商人毫无准备，不禁吃了一惊。

老人在台上站定后，便大声说道："女士们，先生们，对于抽烟的好处，除了这位先生讲的以外，还有三大好处哩！我不妨讲给大家听听。"

美国商人一听这话，转惊为喜，连连向老人道谢："谢谢您了，老先生。我看您相貌不凡，就知道您是一位学识渊博的老人，请您把抽烟的三大好处当众讲讲吧！"

老人微微一笑，立刻讲起来：

"第一，狗见到抽烟的人就害怕，就逃跑。"台下的人莫名其妙，商人则暗暗高兴。

"第二，小偷不敢到抽烟的人家里去偷东西。"台下的人连连称怪，商人则喜形于色。

"第三，抽烟者永远年轻。"台下一片轰动声，商人则满面春风，得意扬扬。

老人把手一握，说："女士们，先生们，请安静，我还没说清楚为什么会有这样三大好处呢！"商人格外高兴地说："老先生，请您快讲呀！"

"第一，在抽烟的人中驼背的多，狗一见到他，以为他正要拾石头打它哩，它能不害怕吗？"台下的人发出了笑声，商人则吓了一跳。

"第二，抽烟的人夜里爱咳嗽，小偷以为他没有睡着，所以谁敢去偷东西。"台下的人一阵大笑，商人则大汗直冒。

"第三，抽烟的人很少有长寿的，所以永远年轻。"台下的人一片哗然。

此时，大家一看，倒卖香烟的商人不知什么时候已经溜走了。

这位老人所说的话，紧接着商人所说的抽烟的好处继续自己的话题。老人从抽烟的"好处"入手，这样商人就不会将他赶下台。同时，他又用丢包袱的形式，引起观众的兴趣，使观众想要看看为什么抽烟会有这些好处，老人则趁机将自己的实际观点"扔出"，让观众了解自己正在进行的是一种"连续变意”。它体现了老者无与伦比的语言运用才能。

在运用连续变意的语言技巧时，首先要注意的就是要让自己所说的话紧紧结合对方的语言逻辑进行，在表述的过程中，将自己的观点带入对方的观点并形成一个具有反差性的对比。从而使得自己的连续变意性语言不仅在“连续”中有一种补充对方观点的作用，而且要在“变意”中体现自己的否定意图，揭示出对方语言的荒谬。

1. 借错上升，连续变意

我们在一些重要的沟通场合，比如在采访中、谈判中或者在职位面试中，有时候会因为紧张出现“口不择言”的现象，往往在重要的时候说错了话，让自己陷入一种为难的境地。在这个时候，我们需要借助自己的语言技巧，让自己摆脱困境。“正话反说”就是一种在类似情况下可以应用的好方法。

在一次新人婚宴上，所有的来宾都争着向新人祝福。这个时候，男方的一个同学激动地对新人说道：“你们走过了浪漫的恋爱季节，如今终于步入婚姻的漫漫旅途。感情的世界时常需要你们共同努力，为自己婚姻生活时常加入润滑剂。你们现在就好比是一对旧机车……”

其实他本来想说的是“新机车”，却因为一时紧张加上已经喝了不少酒说成了“旧机车”，这个时候，满桌的宾客都在窃窃私语。这对新人脸上的尴尬更是溢于言表，以为刚才这位同学的话语里隐含嘲讽。这个发言人此时也发觉自己已经说错话，但是泼出去的水终究不好收回了，怎么办呢？他旁边的一位女士镇定下来，不慌不忙地补充一句：“你们现在就好比是一对旧机车装上了新的发动机。”听了这话，新人脸上马上露出了笑容。于是那位男同学继续深情地说道：“愿你们以甜美的爱情为润滑油，开足马力，向着幸福全速驶进！”

在出现口误的情况下，这位女士紧接着前面的话将话锋一转，不仅可以将男同学口误造成的尴尬化解，而且增添了谈话环境的幽默气氛，借机提升了谈话效果。

2. 提升讽刺效果的连续变意

在实际生活中，我们总会遇到一些喜欢自吹自擂的人，在领导面前阿谀奉承惹人厌烦。这个时候，如果直接揭穿反而会造成对方的仇视，而且自己也会陷入一种困境。借用这种连续变意的语言技巧，我们不仅可以表现出对对方这种做法的反感，而且还能有效地提升讽刺的效果。

有一个年轻的小伙子，自己不努力工作，总是希望可以攀上一门好的亲事，让自己可以少努力一些。所以他在挑选女朋友的时候，总是先要问清楚对方的家庭状况，对方有钱就行。他的一些同事对于他的这种做法早就非常不满，但是碍于彼此的面子又不愿多说。有一天他在办公室吹嘘说："我现在的这个女朋友非常有钱，将来还能给我换一个好工作。"同事们听了都不愿意接话。接着他又说："我特别喜欢她。"这时，办公室的小王说了一句："喜欢她的孔方兄吧?"办公室里顿时笑成了一片。

这种连续变意术一般来说在反驳对方观点时都带有比较强烈的讽刺色彩。用冲淡的语调来缓解自己语言的冲击力，使气氛在不过于紧张的情况下，增强讽刺的力度。

酒后吐真言——借醉吐言术

"酒后吐真言"这句话想必大家都不会陌生，这句话的意思就是人们将平常不能直说或者不敢直说的话，借着酒力说出来。如果对方可以接受自己的建议自然是好，如果对方不能接受就当是你在发酒疯，也不能过分指责，算是给双方一个台阶下。这种方法在我们的生活中，常常被用来当作一种情人间的表白方法。

其实，这种"酒后吐真言"的方法，在一些重要场合也可以用来作为一种表达自己的观点的方式。假借醉酒将平时不能说的话说出来，慷慨陈词，将对方置于一种有口难辩的尴尬境地。

在运用这种假借酒醉说出自己真实想法的语言技巧时，有几点是需要注意的。第一，这种方法最好用在人际关系已经非常不好，用其他手段不能妥善处理的情况下。这是一种无奈情况下不得已的手段。第二，这是一种“假借”的手段，因此不能真的将自己灌醉，毫无理性的酒话是没有什么用处的。第三，这种酒后的慷慨陈词不宜用温婉多情的语调，而是要慷慨激昂，使语言具有强烈的刺激性。

1．机智妙语，酒后吐真言

酒后吐真言可以借用很多语言技巧，比如说用机智幽默的语言暗示对方。这种技巧在晚辈向长辈，或者下属向自己的直系上级谏言时，算得上是一种最佳手段。

在某村，有一个老人，他的女婿是一个非常聪明的人。但是这个老人为人十分吝啬，过年过节女婿到他家里去过节，老人都不会买东西接待。女婿虽然有意见，可是碍于自己的身份，不能开口。有一次，他和妻子到丈人家去过十五，丈人只准备了一壶酒、一盘子素菜和一盘生柿子。女婿二话不说，将壶里的酒一饮而尽，然后晃晃悠悠来到丈人面前，拿起一个柿子非要丈人吃了，嘴里还说着：“你看看你涩不涩（与吝啬的“啬”同音)!”

这女婿借着酒力，假装耍起了酒疯，非让自己的岳父吃生柿子，而且还问这个柿子涩不涩，就是暗示自己的岳父对待自己的家人太吝啬了。既说出了自己的想法，又不会让岳父觉得在孩子们面前失了面子。

2．借酒使力，化解矛盾

这种酒后吐真言的方法，有时候还能作为一种化解双反矛盾的调节剂。有时候人们碍于面子，在处理人际关系时，即使知道自己出错但是又不好意思直接道歉，可是不道歉又不能消除对方的隔阂，这个时候，为了给自己一个台阶下，往往就借助“醉酒”来化解双方的矛盾。

小张和小王曾经是一起来到公司的好朋友，后来因为业务上的一点事情，双方出现了一些问题，冷战了好久。有一次公司同事在一起聚会。小王喝了不少酒，他走到小张面前说道："兄弟，当年咱们一起来到这个公司，一起跑业务。大家都知道我们这些业务员在外面是多么不容易，很少吃一顿正经饭。你和我当时一起分析客户资料，拿不下来的客户就一起努力，好不容易有了现在一点小成绩，可是，怎么就成了这样？我特别不愿意丢了你这个兄弟！"说着又一饮而尽，眼眶也有点红。小张听了这话，说道："哥，你什么也别说了，以前的事情都过去了，咱们谁也别放在心上！"

小王借助醉言，将当初两个人跑业务的不容易说出来，引发对方对过去种种的回忆，首先从心理上拉近和对方的距离，然后说出自己希望可以留住他这个兄弟。这种话在正常情况下，不一定会打动对方，但是在醉酒的前提下，这些话就会被认为是一种心里话，会给对方造成比较大的冲击，从而得到对方的认同，化干戈为玉帛。

第六章

巧舌如簧动人心，销售拿单不再难

“人活一张嘴，树活一张皮。”这句话经常出现在我们的生活中，但很多时候，我们只是说说而已，不明白其中暗藏的交锋之术。嘴巴永远不只是吃饭的工具，还应该是为你挣得那口“饭”的工具。嘴巴可以说实话，也可以变着法子说“实话”，只要你能够灵活运用说话这门技术活，又何愁拿不下订单呢？

把握谈话过程中的蛛丝马迹——投石问路术

在涉及采访、辩论以及商业谈判中，我们经常会遇到无法猜测对方想法的情况，在这种情势下，最佳的方法就是按照当时的具体情况，巧妙设计问题，利用对方的心理弱点掌握其真实的意图。如此一来的话，一个人如果精心设问，选择具有代表性的话题，让对方无法用确切的“是”或者“不是”来回答，那么就能够比较具体地将对方的心思挖掘出来，实现“交锋”中的成功。

这种投石问路术，可以算是一种心理交锋技术。这种交锋术成功的关键，就是操作者需要在具体的语言密码中，成功地破译出对方潜在的心理动向，认真观察，进行利用。因此，闲谈聊天是进行这种技术的最佳环境。在这种环境中，氛围比较轻松自然，参与者最容易放松防备。

在实际操作中，要进行这种“投石问路式的交锋”，可以采用提问式手段，在谈话中，把握时机，用得体的语言，选择最佳的提问方式，将自己的问题甩出；或者是采用一种吊足对方胃口的方式。可以用对方比较感兴趣的话题引起谈话的兴趣，在谈话中找到对方的敏感点，借此把握对方谈话过程中的蛛丝马迹。

1. 利用情景，巧设开放问题

在多方谈话的过程中，想要让自己处于交锋的优势地位，首先就要学会利用自己所在的环境，用能体现当时环境特征的问话，提出有价值的问题。在日常生活中，我们经常会遇到这种情况，去市场买菜，很多人的问题都是“这个菜新鲜不新鲜”，这样的问题在那种场合等于白问。为什么？这种问题只能导致卖主站在自己的立场考虑问题，你得到的答案只有一种，那就是“新鲜”。这种提问很大的缺点就是没有明白自己所处的环境。

在菜市场中，和你进行直接交锋的是卖家，因此，提问不能让对方有形成“防御”的机会。

乔·库尔曼是美国著名的保险推销员。他成功的秘诀之一就是非常擅长进行投石问路性提问。据说，有一次他向一位顾客推荐一种新出的人寿保险，在交谈的过程中，他发现这名客人的眉头纠结在一起，便询问道：“经过我的推荐，你对这种保险有什么看法呢?”见他这么问，这位顾客就说道：“这个保险的价钱实在有点贵。”乔·库尔曼接着问：“您为什么有这种感觉呢?”在所有的过程中，乔·库尔曼的主要工作就是利用这种简短、开放的问题让顾客充分地表达了自己的意见。他得到了客人的喜欢，最终做成了生意。

这样的开放方式，虽然感觉是对方说的话很多，好像是在讨论中占据着上风，其实，在他们表达自己观点的同时，你已经可以初步掌握对方的心理动态，并且据此做出相应的策略调整，从而达到自己的目的。

2. 利用对方兴趣，吊起对方胃口

这种交锋方法，最重要的就是要利用提问吊起对方胃口，找到其敏感点。这种方式如果应用在商业谈判中，通常会采用报高价的方式。因为对于生意人来讲，利益是他们最关注的问题，也是谈判的敏感点所在。

在一次关于中国传统手工品出口价格的谈判中，中欧双方的代表在价格问题上出现了争执。欧方想用60元一个的价位进货，但中方对这个价位不能接受，但是又不能过于强硬，以免使谈判陷入僵局。这时一位中方谈判的负责人突然说道：“我们要以每个70元的价格出口。”欧方的代表马上表示不满，说：“怎么可能让我们用高于65元的价格购买这些东西!”听完这话，中方代表马上抓住时机，说：“这么说，如果是65元的话，您是愿意成交的吧?”欧方代表此时知道已经泄露了自己的底牌，只能说：“我们愿意考虑。”

商业谈判中，在价格问题上最容易陷入僵局，延缓谈判进程。这位中方人员的做法就是利用大家都比较关注的价格问题，故意说出一个高价位，吊起对方的胃口，试探出他们的底线，从而将谈判的主动权掌握在了自己的手中。

转移话题掩盖自己产品的不足——转移话题术

正所谓“金无足赤，人无完人”，无论是什么样的商品，我们都不能保证它们在实际使用中没有任何的缺点。但是，如何在销售中有效地遮蔽自己的产品的劣势，将产品自身的优势突出彰显，是每一个优秀的销售人员都必须面对的问题。甚至在对一个新产品进行市场推广时，也要用产品巨大的优势来掩盖其缺点。要知道没有人愿意买一个有明显缺点的商品。

iPhone（苹果手机）在刚刚面市时，各方的广告以及宣传可谓是铺天盖地。一般来说，这款手机的推广都集中在其强大的功能之上：具有良好的通话效果，相当于一款功能齐备的掌上电脑，轻薄便于携带，外形时尚，手触屏幕反应灵敏，成熟的操作系统，集各种电子设备的功能于一身。种种优势让消费者对其爱不释手。

但是，在实际应用中，我们发现这款手机的待机时间非常短，大概只有一天。但是因为那些优势掩人耳目，因而也就相对地忽视了这个小小的不足。iPhone 手机的宣传策略就是这种话题转移术的完美演绎。

这种转移话题技巧在具体的操作过程中，要建立在操作者自己对产品充分了解的基础上。然后要根据消费者实际提出的问题见机行事，灵活运用。要将对方的注意力转移到自己的产品与其他同类产品相比的优势上来。

在销售过程中，面对着对于产品毫无了解的顾客，常出现的一种情况是售货员表达本意的方式常常不能使对方动心，在这种情况下，改变所谈的话题，营造融洽的气氛，然后再转入正题，往往更能收到良好的效果。

而且这种转移话题法一般可以用在客户问了你没有必要回答的问题时，或者发生不愉快的时候，或者双方都感觉尴尬时。

1. 转移话题，活跃气氛

在一些普通的销售场合，销售员和陌生顾客面对面，总是会有一种有隔阂的感觉。这个时候对顾客介绍产品，也很难收到比较好的效果。优秀的销售人员在进行商品销售的过程中，往往不会急于介绍产品的相关信息，而是先将话题转移到比较轻松的问题上去，先要营造一种比较良好的氛围，当对方比较容易接受自己的时候，再进行产品推荐。

导购："先生，请问您需要点什么？"

顾客："我想给孩子买一款新手机。"

导购："是男孩还是女孩呢？"

顾客："女孩。"

导购："哦，您孩子在哪里上学呢？"

顾客："在上海上大学。"

导购："真的啊，那您的孩子肯定是一个读书好又时尚的孩子。我们这里有一款手机肯定特别适合您的孩子，您来这边看看吧。"

顾客："好！"

在这位导购的销售过程中，他没有直接给顾客介绍产品，而是以谈家常的方式，首先了解了顾客的购买意图，并在这个过程中，很自然地夸奖了顾客的孩子。因为对于家长来说，子女都是自己最大的骄傲，因此，这种夸奖很容易拉近和顾客的关系，使他更容易接受你给他的建议。

2. 转移话题，让自己摆脱尴尬境地

在销售中，我们很难保证自己遇到的顾客都是通情达理的人。在遇到一些比较刁钻的顾客时，他们总是会提出一些问题让我们无从回答。在这种情

况下，用转移话题的语言技巧，不仅可以让自己摆脱这种尴尬的局面，还能够适当地将顾客的视线转移到其他方面，实现自己的销售目的。

我们经常在网上进行购物，淘宝网一般都是我们最普遍的选择。在淘宝网浩如烟海的商铺中，能够脱颖而出的往往都是能够在销售中通过语言来掌控顾客的优秀卖家。网络销售和实体店销售的最大不同就是不能亲自看到货物，因此语言的作用在这里非常大。在这里，我们来看一位皇冠卖家在面对刁钻买主时，是怎么利用这种话题转移艺术，成功进行交易的。

买主："老板，在吗?"

卖家："亲，您好。"

买主："你这个电饭煲容量是多大的?"

卖家："1.5 L的哦，亲。"

买主："那你们这个不行啊，太小了。"

卖家："您是要几个人用呢?"

买主："两个。"

卖家："太大的锅做饭容易剩下，现在天气还回暖了，饭会变质的。"

买主："我家有冰箱。"

卖家："不如现做的饭好吃，您说呢?"

买主："嗯。那这个锅现在有优惠吗? 这么小的锅，还卖这么贵，有点坑人。"

卖家："没有优惠，但是我们这个锅的赠品特别丰富，有一套小玻璃碗，还有一个不锈钢的勺子，还有一个隔层，很划算的。"

买主："好吧，我买一个。"

通过对话，我们看到这位买主是一个比较挑剔的顾客，对于锅的容量和价钱都不满意，但是卖家很巧妙地将他的注意力成功转移。在讨论锅的大小的时候，卖家将注意力转移到了吃现做的饭会更好，让对方信服了自己。在讨论价钱时，又用比较丰厚的赠品吸引了顾客的眼球。这是一个非常经典的话题转移销售案例。

裱起来的一百万美元支票——投其所好术

在销售中，我们面对的是顾客，主要的关注点就是将自己手中的产品成功卖出去。但是，我们在和顾客交谈时的话题不能围绕产品进行，而是要先对顾客的需求进行了解，获得顾客购买的真实意图。针对顾客的意图，制定相应的销售语言策略，简单地说，就是“投其所好”。

迎合对方爱好和需要的销售，总是能够俘获顾客的心，拨动他们的心弦，最终促成交易。

美国商人爱德华·查利弗先生是一位对童军教育工作非常热心的人士。有一次，为了赞助一名经过多次筛选被选中的美国优秀童军代表参加在欧洲举办的世界童军大会，他便积极奔走，希望可以筹措到足够的资金。他前往美国当时一家数一数二的大公司，拜会其董事长，希望这位董事长能解囊相助。

在这之前，为了能够说动那位董事长，爱德华到处打听那位董事长的相关信息。爱德华在自己的一位朋友那里听说这位董事长曾开过一张面额一百万美元的支票，后来那张支票因故作废，但他特地将之装裱起来，挂在墙上做纪念。

于是，爱德华就有了一个绝妙的方法。一踏进那位董事长办公室，爱德华并没有立即开始自己的游说活动，而是请求看一下他这张装裱起来的支票。

爱德华告诉他，自己还没有见过有人有这么大的手笔，很想见识见识，好回去说给那些小童军们听。董事长听后，毫不犹豫地答应了爱德华的请求，并将当时开那张支票的情形，详细地说给爱德华听。

当董事长说完他那张支票的故事，就主动问他：“对了，你今天来找我，是为了什么事？”于是，爱德华一五一十地说明了来意。

出乎爱德华意料，董事长不但答应了他的请求，而且还答应赞助另外 4 名童军去参加该童军大会，另外还亲笔写了封推荐函，要求欧洲分公司的主管，提供所需的一切服务。

在这次沟通过程中，爱德华首先对这位董事长进行了一番了解。知道了对方对这张曾经开出的巨额支票非常重视，将其装裱起来挂在墙上。所以，在见面之后，爱德华就直接请求看一下这张“著名的支票”，正好戳中了对方的兴奋点，让对方视其为知己，和他之间没有什么隔阂。如果一见面，就让对方给童子军进行资助，事情恐怕就没那么顺利了。

运用投其所好的语言技巧首先要以对方的爱好和兴趣为主要关注点，结合对方的爱好以及实际的需求来进行销售活动，绕过对方的心理防线，与其形成一种比较“亲密”的关系。

1. 结合对方的需求进行推销

有效的商品推销不是将商品的所有信息事无巨细地介绍给顾客，这种推销方法反而会将商品的特殊之处淹没在细碎的介绍之中，使消费者摸不到头脑。真正有效率的营销手段，是要了解顾客最急需的服务是什么，然后根据顾客的需要来进行有针对性的推销。这种投其所好的技巧可以帮助销售人员迅速锁定目标，实现销售目的。

在某商店，一位很漂亮的女生正在挑选衣服，导购员走上前来，笑着说：“您好，你需要什么季节的衣服？”

“我想要一个春天穿的衬衣。”

“衬衣有的是休闲式的，有的是工作装。”

“我想上班时候穿，但是样式不要太死板的。”

“好啊，您看这款，这款非常大方而且是今年的最新版式，很多白领都买了这件衣服。穿上非常显气质，价钱也不高，很适合您。”

“好啊，我就买这个吧！”

在导购进行推荐的过程中，她首先了解了对方的需求，而且根据自己的观察确定了对方的消费水平，因此不会推荐非常贵的衣服给顾客造成尴尬。而且摸清了女孩子的心理，用很多白领都买这样的话，给这名女顾客信心。用这种配合顾客需要的促销手段，往往都能达到比较完美的推销效果。

2. 适当奉承对方，实现销售目的

喜欢被别人赞美是人类共同的一个“爱好”。在销售过程中，如果你对顾客的工作、爱好或者家庭说出赞美之词，往往会提升顾客对你的好感，缩短彼此之间的心理距离，让你的销售过程更加顺利。

肖恩是一家食品公司的推销员，专门负责推销各种薯片。这次公司给他的任务是拿下某社区沃尔玛超市的订单。来到这个超市，见到超市经理后，肖恩没有马上介绍自己产品的各种好处，而是热情洋溢地对经理说：“说实话，逛过了这么多家沃尔玛超市，我觉得您经营的这一家，给我的感觉最好，很亲切，整体布局非常高雅，各种商品的分类摆放也很明确。真可以算得上是沃尔玛的一家顶级分店了。我想在经营的过程中，您一定花费了不少心血吧?”

经理听了这番赞美非常开心，虽然嘴上没说什么，但是心里却对这个小伙子充满了好感，肖恩也如愿拿到了这个订单。

肖恩在推销自己产品时，首先是针对客户作为一名管理者的身份特点，赞扬了他经商有道。对于一个超市的管理者而言，这种赞扬可谓是正中下怀，对方很难不感到喜悦。之后的谈判过程，自然会因为在这种“奉承”中形成的好感而进行得更加顺利。

坐在路边数一数——潜移默化术

潜移默化的意思，就是指在周围各种环境的影响下，人的思想、性格和习惯等，会发生一种不被察觉的变化。在销售中，导购员可以通过和顾客有目的的谈话，使对方的观点、想法和自己靠拢，通过一系列具有暗示性的问题，指明自己要推荐的产品具有最佳优势，潜移默化中引导消费者做出购买

选择。

这种潜移默化术在使用的过程中，如果可以结合其他顾客的购买经历会有更好的效果。那么，如何利用这种语言技巧来向顾客推销呢？下面的一个实例或许对你会有所启发。

在某品牌电动车专卖店，有一位顾客走到某销售员面前，面带愁容地说："我实在需要一辆电动车，可又实在不知道哪个品牌的电动车更好。你看，现在市场上出现的电动车广告着实太多了，真的让我眼花缭乱。"说了这么多，这位顾客无非是想让销售员给他一个购买他家的电动车的理由。

只见销售员露齿一笑，说道："您先听我说个事儿。前几天，一位大叔过来买车，他和您一样有疑问，不知道该不该买我们的车，犹豫了很长时间。我对他说，'叔，牌子好不好我说了也不算，买的人多才是正理儿。这样吧，我给您拿一凳子，您坐在路边数一数，看大家伙儿都是骑哪个牌子的车。'我给他拿了凳子，他就抽着烟在路边数了半个小时，回头就直接推走了一辆。您说这个理由值不值得您买车？"

结果显而易见，这名顾客也是二话没说推走了一辆车。

这名销售员在面对顾客的提问时，没有直接夸赞自己家的品牌比别人家的好，而是通过其他顾客的例子，委婉地表达出了销量多、销量大的产品就是好的这个观点。

如果，他直接吹嘘这款电动车全国销量连续多少年第一、每年卖多少万台，这些数据都是虚的，顾客会怀疑你是故意夸大，就是要卖出自己的车，反而会不信任你的品牌。用别人的故事来进行自己的宣传，会给顾客这样一种暗示：在本地这款车是最受欢迎的，选这款不会有错。于是，顾客就在潜移默化中，接受了你的观点，后面的成交就顺理成章了。

在讲品牌案例的时候，我们不要讲一些大家很陌生的，而是要尽量结合顾客自己最熟悉的生活内容，列举一些和顾客生活最为贴近的事例。而且，不要自己喋喋不休，要让顾客亲自参与到故事中来。可以在列举过程中做一些互动问答，让其在获得信息反馈的同时也在无形中受到你的思路牵引。

我们幼年时期，所接受的一些教育，都是父母通过故事传达给我们的，因此，所有人都不会对故事感到陌生和排斥。在销售过程中，合理地利用相关的销售故事对顾客进行潜移默化的观念渗透会有非常明显的效果。

一些大品牌在宣传的过程中，往往也利用这种情节性强、想象空间大的故事来宣传，来对顾客的购买思路进行“牵引”，使顾客从内心更加认可品牌的力量。

1. 借用故事的“传奇性”对潜在顾客进行牵引

无论是在面对面的直接销售中，还是在前期的品牌宣传中，优秀的销售人员以及企业都注重品牌故事的宣传。一流的品牌宣传，不会生硬而刻意强调自己的销量、材质、工艺这些抽象理念，而是利用可以调动人形象思维，给人以直观感觉的，具有一定传奇性的品牌故事，让人们对自己的品牌形成一种认知上的认同。

比如Zippo（芝宝）打火机的宣传，就是利用这种具有极大牵引力的品牌故事。在调查中专家发现，真正购买这款打火机的顾客中，因为知道打火机所用的材质或工艺而选择购买的其实非常少。但是，大家都了解一两个与Zippo相关的品牌故事。有一则宣传是这样的：1960年，一位渔夫在奥尼达湖中打到了一条重达18磅的大鱼。在为这条鱼清理内脏的时候，他发现一个闪闪发光的Zippo打火机赫然在鱼的肚子中。这个打火机不但看上去崭新，而且一打即燃，完好如初！

通过各种媒体的大力宣传，再加上其中的传奇性因素，该广告因此就给顾客留下了非常深刻的印象。通过这些广告，顾客在潜意识中认为这款打火机的质量好，是值得信赖的产品，于是就在心理上认同了这个品牌，有了购买的欲望。

2. 精明导购，实例引导

在面对面卖货时，精明的导购员永远都不会重复电视上的宣传语，而是利用和自己的潜在顾客群最接近的其他购买案例，来引导顾客认识自己的品牌，最终实现交易成功。

比如，女孩子们经常去买化妆品，如果柜台的导购告诉她们，这款化妆品的销售业绩是多么多么好，虽然她们不会直接拆穿她，但是心里也会觉得，你当然会说自己的牌子好了。这样顾客和导购之间就不会形成对于产品的共鸣，自然就不能顺利成交。

但是，如果导购说，很多您这个年龄段的女孩子都在用这款化妆品，昨天我们这个柜台光这款产品就卖出了两个，都是某某大学的学生。自然顾客就觉得有一定的可信度了。她在潜意识中也会觉得，现在的年轻人原来都在用这种品牌，那么我也试试好了。

一个山地车的专卖店里，导购曾经面对顾客讲了这样一个“产品故事”。顾客问这山地车的“车架”怎么样。导购没有直接将制作的工艺说出来，而是讲了一件事：“上个月在建设路上有一个山地车杂技表演你看了没？它们骑得就是这款车，上面坐了 5 个人，当然人家是玩杂技的，人家有技巧，但咱这车能承重 5 个人，车架没得说。不信你来试试！”

可见，好的品牌故事不仅可以营造一种轻松的氛围，还可以使顾客在潜移默化中认同自己的品牌，顺利完成交易。

“不满意就退货”的承诺——优劣对比术

好的品牌故事可以留给人深刻的产品印象。其实，利用产品间的对比同样可以达到这种效果。在对比中，自己的产品优势往往可以得到突出，给人一种更加鲜明的优劣印象。无形中就会将自己的产品形象提升，得到顾客的认可。

上海煤气喷头厂的著名销售员，结合自己的销售经验，给我们讲了一个案例。在他刚开始做这一行的时候，对自己的产品进行了比较透彻的了解，知道这款新型的喷头最大的优点就是价钱便宜，而且在使用过程中特别省煤气。但是，要讲解起来就需要一些比较抽象的名词，顾客可能会不太明白，直接说省煤气，又缺少证据，应该怎么进行销售呢？想了两天，他想出了一个好办法。

一天，他拿着这款新式喷头来到一个住宅小区，说服了物业管理人员，让他进行一个试验。他找了两个煤气灶，一个是改装上燃烧喷头的，一个是没有改装的，当场做试验。同样烧一壶水，通过煤气表发现，改装的灶烧一壶水用了0.02 mL煤气，时间用了三分钟；没有改装的灶用了0.03 mL煤气，时间用了三分钟半。

而且他一边做试验，一边说道："如果按照上海市煤气价60元一罐，按一罐煤气用30天计算，装上燃烧喷头后，能多用10~15天，一个月就能节约20块钱，一年就是300多块钱。大家想想，是不是很合算，而且这个新式喷头的价钱也不贵，一个月节省下来的钱就够买这个喷头的钱了。"他还根据自己对产品质量的了解，公开承诺"不满意就退货"，这更增加了他的信誉度。当时围观的住户都购买了他的产品，经过这些购买者的宣传，小区的其他人也联系他想要购买。

可见，销售员通过新老喷头的对比，突出了自己产品不但节省煤气，而且省时省力的特点，让顾客有了一个直观的了解，再加上他在旁边所做的一些省钱计算和口头承诺，更加坚定了顾客购买的信心，成交自然不成问题。

在运用这种语言技巧的时候，如果自己觉得产品优势单纯靠语言表达说服力欠佳的话，就可以用这种实际操作的方法来现场演示，增强语言的说服力。

但是，往往我们在实际的销售活动中，靠语言来进行产品间优劣势对比的情况更多。所以，充分了解自己的产品，同时也要了解同类产品的发展状况。根据同类产品的分析，找到自己品牌的优势，进行宣传，是实现这种优劣对比术的重要前提。

1. 了解对方的产品，进行有效对比

要进行有效的产品对比，首要的条件就是销售者不仅要对自己的产品有比较透彻的了解，而且要对市场上和自己相当的同类品牌有一个大致的掌握，找到自己的产品和其他产品相比所具有的突出优势，给予特别的强调，以便

得到消费者的认同。

百度的市场分析人员，结合主要的竞争对手谷歌，进行了比较详细的优劣对比。下面就看看在具体推销中，他们的具体操作吧。

百度："您好，有什么可以帮到您的？"

顾客："我想给我的公司网页做一个推广，你能介绍一下相关的信息吗？"

百度："先生，您选择做网络推广是一个明智的选择。现在是一个信息化的时代，想要更有效地宣传自己离不开网络的助力。但是，要有效宣传就要选择服务最好的单位。我们和其他的搜索引擎比较起来有很多的优势，首先就是百度在国内的知名度是最高的，只要进行搜索90%的人都会利用百度，因此，在我们这里做宣传，效果有保障。"

顾客："你说得对。"

百度："而且，百度按点击收费，同一IP（网络之间互连的协议）重复点击不计费，这就避免了竞争对手恶意点击造成的损失。同时百度推广时间灵活，不做强制要求，您可以选择短期推广来尝试一下效果。"

顾客："好，我先做半年试试。"

在这次对话中，百度的服务人员重点结合竞争对手的情况指明了自己的优势，特别是百度国内认可度强这一特点，是进行推广的最大诱惑。还有收费低、对恶意点击的防御都是对方需要的服务，也是和其他对手相比自己的优势所在，因此，它很快得到了顾客的认可。

2. 结合顾客需要进行优势比较

在面对不同顾客时，有时候固定的优势比较手段不能达到最佳的销售效果。在销售的过程中，需要结合顾客最急需的服务进行产品间的优劣比较，从顾客的心理入手，实现自己的交易目标。

在某商场的运动鞋专柜。

导购员："您想要买一双什么样的运动鞋？"

消费者："舒服一点，价格也合理一点的。"

导购员拿出一双。消费者试过之后，对于款式、颜色都很满意，但是当问及价钱，导购报价300多元的时候，他就有点犹豫。针对这个反应，导购员马上做出了回应。

"我们这里还有一双和这个款式差不多的鞋，颜色比这个淡一点，也非常适合您，现在只卖150元，您肯定会喜欢的。"

顾客一听非常高兴，就让导购员把鞋拿来试一下，觉得很满意，便将这双鞋买了下来。

这个导购的聪明之处就是没有在对方感到价钱不合适的时候，硬要进行推销，而是根据顾客的反应，找到了一双款式类似，但是价格较低的鞋子让顾客试穿，迎合了顾客的需要，生意自然成交了。

寻找机会缠住对方不放——软磨硬泡术

说到软磨硬泡，大家都不会感到陌生，我们在日常生活中都有类似的经验，通过对别人的纠缠，实现自己的目的。比如，我们在幼年的时候，为了得到一个心爱的玩具，总是在妈妈面前撒娇耍赖，最后妈妈抵不住我们的纠缠最终给我们买了我们想要的东西。那么这种软磨硬泡的功夫在销售活动中该如何体现呢？

某厂想要和当地的政府一起开发一个项目，于是就派了一个经验丰富的销售人员约翰去谈合作事宜。不过，当地轻工业局管材料的科长斯科夫可是位相当难缠的人物，他从一开始就没给约翰好脸色，甚至连正眼都没看一眼就直接把约翰赶出了办公室。然而，执着的约翰却并没有因此而放弃，他决定软磨硬泡到底。

当天晚上，约翰买了一个高级儿童玩具去了斯科夫家，科长还是一脸不耐烦的表情，但约翰却笑嘻嘻地拿着玩具和斯科夫的小儿子玩了起来。他们兴致勃勃，直到斯科夫的表情稍微有所缓和。理所当然，他们接着开始了家常的闲聊，值得一提的是，约翰始终没有提过合作的事。

从此之后，约翰三天两头往斯科夫家跑，每次都买点玩具，然后和斯科夫聊点闲话，聊聊孩子，聊聊工作。时间长了，斯科夫慢慢和销售员通过一些闲话彼此有了了解。最后，斯科夫自己说起了关于合作的事情，以后的谈判也水到渠成非常顺利。

约翰在遇到科长的冷脸时，没有选择放弃，而是不停地往科长家跑。通过一些日常谈话的接触，和对方软磨硬泡。并且通过这些看似和合作没有直接联系的闲谈，逐渐攻破了科长的心理防线，让彼此的关系更近了一步，洽谈自然也就顺利了不少。

但是，这种软磨硬泡术的“技巧”，靠的是使用者精诚所至、金石为开的执着精神，而不是厚脸皮请求，因此一定要把握好自己的分寸以防“过犹不及”。

运用软磨硬泡术，往往借助的是自己的耐心，敏锐寻找契机，通过坚持不懈的努力，化被动为主动，化劣势为优势，直到使对方折服。在形势不利的情况下，运用软磨硬泡术，并不是低三下四地请求对方的怜悯，而是一种心理交锋。

1. 通过软磨攻破对方的心理防线

在进行商业活动时，第一次和对方见面，一般都不会立刻完成自己的订单。销售人员要有一种坚强的心理，而且要不怕“丢脸”。有的销售人员觉得别人不想买自己的东西，硬要缠着人家是一种很“丢脸”的事情，但其实只要操作得当，就不会有丢不丢脸这一说了。

话说北宋赵普担任宰相后，以推荐贤才为己任，而且荐贤唯能。一次，赵普推荐一个人做官，连续两次，太祖均不准奏。第三次赵普仍推荐那个人，太祖大怒。折断了他上奏的版牍扔在地上。可赵普像没事儿似的，脸色不变，跪下拾起版牍回到府上。

过了几天，赵普补缀好了奏事的版牍，又继续上奏，仍然推荐那个人。宋太祖由感动而醒悟，终于任用了那个人。

赵普说服宋太祖，靠的是“软磨”和“力争”。在赵普运用这招软磨硬泡术时，对自己要举荐的这个人有充分的信心，相信他不会让自己和皇帝失望。而且他没有在皇帝盛怒未消的时候继续上奏，而是过了几天，看着皇帝大概没有那么生气的时候才继续上奏，适时利用时机，才让自己的纠缠有了结果。

在销售活动处于劣势或陷于僵局时，利用软磨硬泡术，以柔和的方式缠住对方不放，在软磨中寻找突破的契机，从困境中冲出一条活路，形成“柳暗花明又一村”的局面，可以达到感动对方，说服对方的目的，让自己的销售“绝处逢生”。

2. 纠缠对方实现自己的目的

在销售双方的接触中，难免会遇到一些难以想到的意外情况，可能会使己方受到一些损失，如果这个时候为了维护自己的利益和对方硬碰硬难免会两败俱伤。面对这样的困境，采用这种软磨硬泡术，往往可以得到更加满意的结果。

一位内地的小商贩到广州进货，在批发市场上进了一批货，付完款发现刚才选中的一包衣服被“掉了包”。他明知此事与摊主有关系，但没有抓住把柄，若他提及此事，老板定然翻脸说他诬赖人，自己在这人生地不熟的地方必定更加吃亏。

想了想，他压低声音对老板说：“老板啊，我一下子照顾了你这么多的生意，你怎么能这样对待我呢？你在这个批发市场摆摊儿，一个月收入很多，跟我使这种小招数实在是犯不上啊！再说，你们做生意的，信誉要紧！”

他见老板似有所动，又恳求道：“我自己开个小店，养家糊口不容易，你说我把这包衣服拿回去，肯定脱不了手，必定赔本，我一大家子人，让我怎么办啊？您肯定是不小心把这衣服给我弄混了。您再帮我找找，换回来吧？”说着，他眼里也泛起了泪花。

终于，这个老板被说动了，他借坡下驴。说可能是自己弄混了，不好意思地给他换了货。

这个小商贩施用的就是软磨硬泡式语言技巧，他抓住“信誉对经商者是生命”这个要害，通过恳求的语言，启发、暗示、加压，努力唤起对方的良知和同情心，从而使对方不得不考虑自己行为的后果。

最后，正义感、信誉感和同情心占了上风，使对方交出了被调换的衣服。这种软磨式的好言相劝，包含了说话者的机智、韧性和抓住把柄的威慑力，是一种以退为进的说话方法。

先说小缺点再说优点——欲扬先抑术

大家对“朝三暮四”的故事一定很熟悉。

宋国有一个喜欢养猴子的人，开始的时候，他说每天早上喂给猴子们三颗橡子，晚上给四颗。猴子们听了生气地跳了起来。后来这个人说：“那每天早上四颗，晚上三颗，怎么样呢？”结果猴子们都很满意，安静了下来。

其实，从橡子的数量来说，总数并没有改变，但是为什么给猴子们的感觉是不同的呢？关键就是心理的作用。起初猴子们觉得自己早上吃得少，但是顺序变换了之后，早上就吃得多了。这样它们就觉得自己的要求得到了满足，也就对养猴人感恩戴德，唯命是从。

在销售的过程中，如果我们可以巧妙地利用消费者的心理进行语言的安排，让自己的产品介绍顺序发生巧妙的变化，就会给客户心理上带来不一样的感觉。

在一个售楼处，销售经理陈先生在做售楼员的时候，有一次接待了一对退休夫妻。这老两口刚刚退休，为了儿子结婚，准备把自己的大房子留给儿子，自己再买一套面积小一点、价钱低一点的房子。

当时符合老两口条件的房子离市中心都比较远。陈先生找了一个朝向、楼层和通风都比较好的房子，准备带老两口去看房。

陈先生开着车带老两口去看房，一路上没有说特别多关于房子的事，而是穿插着说了一些关于楼市的行情和他们孩子的一些情况。在路上，老两口向陈先生抱怨这房子有点远。于是陈先生说："没错，这个房子是有点远，但是，叔叔阿姨，您现在退休在家，要的就是一个安静。这里的环境也比较好，用来居住最合适了。"

到了以后，陈先生又说："叔叔阿姨，您看这个房子，虽然离市区远，但是无论是楼层还是通风，都是非常好的，很难找到这么合适的房子了。而且这里是一个大型的小区。以后医院、超市、公交都会直通这里。您看，前面不远就是地铁，直通市中心，交通特别方便。最重要的是价钱非常合适，很适合您。"

老两口听了介绍，觉得陈先生说的有道理，自己年纪大了也不会经常往市中心跑，这里确实也很安静，于是就交了订金。

陈先生成功销售的秘诀就在于先承认这个房子的缺点，但是又利用这个缺点引出了这个位置上房子的优点，结合老年人怕闹，又希望生活方便的心理，将房子周围的环境进行了综合介绍，一下子就冲淡了距离远这个小小的不足，让购房者感到距离也不是什么问题，最终成功拿下订单。

1. 销售中，不要害怕面对产品的缺点

很多销售人员在面对客户介绍自己的产品时，总是担心会暴露产品的缺点，于是总是夸夸其谈。其实这是一种很失败的销售方法。因为你在夸大产品优点的同时，客户心里就会产生这样的想法：哪里有"没有毛病的山梨"，你的产品这么好，我就不相信它没有缺点，我才不上当。有时候，客户甚至直接找到了产品致命的缺点，这个时候作为销售员的你就会非常尴尬。

成功的销售策略是不怕面对缺点，甚至要做到利用这个缺点达到一种"欲扬先抑"的效果，让产品的优点通过与缺点的比较而更加突出。

在电脑销售的过程中，很多的导购员都会先将产品的优点吹嘘一通，然

后才告诉消费者“这款电脑就是价格高了一点”。这样的介绍顺序很容易让消费者觉得，你把这个电脑夸了半天就是要卖高价钱，他反而会觉得它不值这个钱。

如果在介绍的过程中，这样给客户介绍自己的产品：“这款笔记本，价格虽然高了一点，但是质量和后期服务都非常好！”这样，把质量和后期服务放在后面了，让客户感受到电脑的高品质。他在心里就会感觉，买东西就是图个放心，虽然价格高了一点，还是物有所值的。

可见同样是介绍一种产品，先说什么、后说什么，效果是不一样的。所以，大家在介绍自己的产品时，一定要注意“先介绍缺点，后介绍优点”这种顺序。

2. 顺应对方心理的欲扬先抑

在销售过程中，我们首先应该避免的就是和顾客发生直接冲突，一旦形成冲突，不但问题没有办法解决，还会给自己的口碑带来非常恶劣的影响。因此，在遇到客户提出一些有关产品的刁难时，销售人员可以采用欲扬先抑的方法，先迎合客户，然后再寻找时机进行局势的“扭转”。

在广州交易会上，曾经发生过一个故事。一个绢花制作单位正在和一个来自瑞士的客户进行接洽。这个瑞士商人非常挑剔，对绢花的质量有点吹毛求疵。销售经理知道这是对方想要砍价的一个策略，于是就尽可能地和他周旋。

瑞士商人：“你这花做得太小了。”

经理：“没错，但是考虑到这是放在室内的观赏品，既小巧玲珑又不占空间，会很受欢迎的。”

商人：“你这花上色不匀称。”

经理：“是有点不匀称，但是您看自然长成的花颜色都不是特别均衡，我们这个产品就是仿自然的。”

瑞士商人这时候有点不耐烦，便说：“再像真的，它始终都是假花。”

经理这时故作神秘地说：“您说到了它一个致命的缺点。”

瑞士商人面色惊喜，问道："什么？"

经理："这种花不能像真花那样凋谢啊！"

瑞士商人听后哈哈大笑，很佩服经理的谈判方式，什么都没有再说就下了订单。经理在这里就是借用对方想要故意找产品毛病的心理，顺着他的话继续说，但是又在之后借助这个缺点表扬了产品的优点，还用一种幽默的方式对对方进行"反击"，使交易能够顺利完成。

全镇只有这一辆了——引人入胜术

"卖关子"这种语言技巧，有点类似于说书过程中的"甩包袱"。经常听评书的人都知道，说书人往往都要在紧要关头戛然而止，吸引你不停地追着他听。在销售中我们也可以借用这种卖关子的策略，吊起消费者的"胃口"。

杰克是一家越野吉普车店的销售员。一天，他正在给店里很久都没有出售的旧款吉普车做保洁。心里想什么时候可以把这个破车给卖掉就好了。这个时候一位体面的男士和他的漂亮妻子来到这款车的面前。

男士说："这辆车太漂亮了、太大气了。"

他妻子也说："如果开这辆车去旅游那多舒服啊！我们买下它吧？"

杰克听到他们的对话高兴地快要跳起来了，感谢上天给了他这么好的一次机会，可以把这个车脱手。但是，杰克同时知道如果他表现得过于热情，那么这辆车也不能卖到一个好价钱。于是，杰克吊他们的胃口，装作很不情愿卖的样子。

杰克说道："这辆车全镇只有这一辆了，前两天有人已经看过准备买，不过没关系，你们可以上车体验一下。"于是，杰克带他们兜风，在兜风的时候告诉他们这辆车的性能，并了解对方的需求。

最后杰克说："这辆车其实非常适合你们，你们也非常喜欢它，有了它你们肯定会玩得开心，可问题是，有人已经看上它让我给留着。不过我们聊了这么长时间，我还是想问一下，你们愿意出多少钱?”

男士一听，就说：“我们不讨价还价，我们按照定价买走，你就卖给我们吧?”

杰克在卖这辆车的时候，首先告诉客户这个车不仅是他们，还有很多人也看上了，这就让对方感到一种压力：错过这个村就没有这个店了。通过兜风聊天，杰克还将这辆车的性能进行了介绍，更加提升了客户的兴趣。这之后，杰克再提出让对方报价，为了不让这辆车被别人抢走，客户果断用原价成交。杰克达到了自己的目的。

卖关子这种语言技巧，在运用时，首先销售者自己要摆出一种可卖可不卖的姿态。让对方知道你并不在意很快出售这个商品。因此，在介绍时不要喋喋不休，而是要找到可以吊起对方胃口的“卖点”，然后再欲说还休，让消费者追着你询问，才是销售成功的“王道”。

1．甩出包袱，套出对方的底线

虽然每个人都有底线，但随着年龄的增长，这些底线将如同见不得光的事物，会被人深深隐藏起来，而这对交锋的另一方来说是大忌。因此，在推销的时候，你不妨故意甩出包袱，套出对方真正的底线，从而使得交易按照你的意愿进行下去。

莫顿先生是美国一位非常成功的投资商人，同时，他也是一位出色的谈判高手。一天，一位小投机商找到莫顿先生，并递交了准备好的报价单。莫顿先生不动声色地看了一遍，然后漫不经心地挠着耳朵说：“在我所有的土地中，我对这块地最为钟情，因为我想把它作为礼物送给我即将大学毕业的女儿。所以，除非价格非常合适，否则我是不会出售的。当然，您事先并不知道我对这块地的特殊感情，不过既然现在我告诉了您，希望您可以重新出一次价。”

通过这种方式，只用了几十秒的时间他便从客户那里多赚了上万美元。因为首先他摆出的姿态就是并不想卖出这块地，而且他给出的理由很充分：

要给女儿作为礼物。因此，小投资者就在心里担心他不会将土地卖给自己，同时也认定了这是一块不错的地皮，不然也就不会作为礼物留给别人，当听到自己有再报价的机会时，定然不会再压低价位，而是尽力提升价位，希望把这块土地买到手。

2. 此时无声胜有声的卖关子技巧

很显然，说到“卖关子”，人们都会以为是通过言语的方式来达成目的，但实际上，“沉默”的方式有时候更能让你得偿所愿。那么，沉默不语又怎么能把关子卖出去呢？其实，只要你愿意，没有什么是做不到的。

小李去超市推销薯片，开始时对方说他们有稳定的供应商，但对小李推销的产品也感兴趣。经过一番产品介绍，最后对方说：“我们真的对现在的供应商非常满意，不过我们多一个供应商也没关系，这样可以督促他们更加努力。如果你把价格再降低20%，我想我们可以采购你几十万元的产品。”

这种情况下小李觉得很为难，回答说“行”，显然自己的公司会受损失；回答“不行”，又怕失去继续谈判的机会。这时小李客气地告诉对方：“十分抱歉，我想你可以给个更好的价钱。”然后，小李沉默，看对方的反应。

超市一方在谈判中也运用了卖关子的方式，表示自己“对现在的供应商非常满意”。这个时候，小李没有上当，而是面对对方的降价请求保持了沉默，这样对方就知道小李是不会轻易把价钱降这么低的，于是也就会适当地做出让步。这种卖关子的技巧就是在不好回答的时候，将难题抛给对方。

这个地方租给我更使您获利——请君入瓮术

在你面前放一口大缸，然后让你进去，并且由人盖上盖子，这种事情你干不干呢？答案当然是否定的。但实际上，我们或多或少做过这样的事，因为在交锋过程中的“大缸”是一个隐形的陷阱，很多优秀的推销员就是靠这种精明的请君入瓮术而成功签到订单的。

所谓的请君入瓮，在这里就是指在销售过程中，销售人员可以针对具体的顾客设下一个小小的“陷阱”，然后引导顾客进入自己的“瓮”，实现销售目的。

致力于成人教育的卡耐基先生曾经在纽约租下了一间酒店用来讲课，时间大概为 20 天。他贴出了告示，也发放了入场券，可在开课的前几天，卡耐基先生突然收到酒店老板的一张通知——租金必须涨到原来的三倍，否则这个地方将不会租给卡耐基先生。

任何人遇到这样的事情都会愤怒，卡耐基先生也一样，但他很快冷静下来，因为愤怒不能解决任何问题。他找到酒店经理，尽量礼貌地说：“作为商人，我很理解您的用意，我想换作是我，也会发出这样一个通知，租给别人开舞会或者办宴会，所得的收入肯定比我付的租金多。但是，如果您不介意，我想帮您算笔账。首先，我确定我个人不会给您带来更多的收益，但我的学员会。您肯定注意到，前来听课的都是白领，不管您用什么宣传手段，都难以请到这么多人同时光顾酒店。实际上，学员们的开支和消费，对您来说才是更有吸引力的事。我有理由认为，这个地方租给我更使您获利。”

说完这番话，卡耐基先生便回房间等待回复，结果，他收到另外一张通知——维持原租金。

亨利·福特认为，如果非要说成功销售有什么秘诀的话，那就是了解对方的观点，并且从他的角度来看待事情。很显然，在上述案例中，卡耐基先生采用的无疑就是此方式。一开始他并没有直接表达自己的观点，而是从酒店经理的立场考虑。看起来，这是一段为对方着想的话，但实际上，这只是卡耐基先生设的一个“瓮”——维持原定租金看起来对酒楼有利，但是，这对卡耐基先生才是最为有利的。

对于一眼可以看到的“陷阱”，我们可以轻而易举地避开，事实上，那种

“陷阱”称不上“陷阱”。但是，对于别人精心设计好的局，我们却很难一眼看破。心理学研究表明，在一定程度上，人们会本能地不相信别人，但同时又相信别人，正是这部分信任，才让请君入瓮术得以奏效——隐藏自己的真实意图，以假象来麻痹对手，从而使其成为被动的消费者，这就是请君入瓮术的精髓。

当然，这招请君入瓮的销售策略建立在一种善意的销售心理上，而不是出于一种欺骗的目的。很多恶意销售行为，有时候所采用的也是这种请君入瓮术，比如，有时候一些卖家先以某种降价策略将客人吸引到自己的店里，然后再用暗中升价的策略让顾客不得不买。

因此，在买卖过程中，我们要注意这种恶意“请君入瓮术”。但是，在商场中，正确地利用这种技术，会给销售带来不少便利。

1. 把握准确的时机

在进行商业谈判时，双方一般都很执着的一个主要问题就是“价钱”。在讨价还价的过程中，一般很难让对方服从自己的意见。在这个时候，如果把握好时机，恰当地利用好这招请君入瓮的技巧，会使谈判进行得更加顺利。

美国的一家计算机厂准备联合中国台湾的一家制造厂商进行代加工。为了谨慎起见，中国台湾代表来到波士顿与美国的厂商面谈。因为这家中国台湾工厂的规模不大，因此，非常需要这笔订单。美国一方知道了这个情况就故意把价钱降低，一度使双方的谈判陷入僵局。

中国台湾的代表见到对方这种态度心里非常不痛快，但是又必须拿到这个订单，于是就对美方代表讲：“我们大老远来，就是诚心诚意和你们合作，但是你们一直让我们降价，一点诚意都没有。实话给你们讲好了，我们给出的价位已经是最低的了，如果你们还能找到比我们低的，你们可以换一家合作单位。我们不和你们谈了！”

美方见中国台湾方面竟然如此坚决，而且他们说的情况也非常对，之所以会选择这家工厂作为合作伙伴，是因为美方看中了它信誉好、做工精细、价钱不高的优势，如果不谈自己也会有损失。于是，美方又对中国台湾代表好言相劝，使他们回到谈判桌前，用中国台湾代表满意的价钱成交。

在这次谈判中，中国台湾代表不是真的不想合作。面对美方强硬的降价态度，为了使自己尽快走出这个被动的局面，他用不谈判作为一个幌子，让对方进入自己的圈套，转被动为主动。而且，这一招成功的关键还在于中国台湾代表知道自己的优势所在，因此以此为诱饵，美方也就不得不上钩了。

2. 布下“陷阱”，巧妙推销

大家都有在淘宝买东西的经历，常常会发现自己本来想买一件衣服，结果结账的时候购物车里就会多出很多件，这其中就少不了店铺老板努力挖坑的功劳了。

在淘宝买东西，价格便宜是对消费者最大的一个诱惑。有时候，当你看到一件自己满意的衣服，它的价钱也不贵的时候，一定会找老板聊天。

这个时候，老板就要给你“挖坑”了，我们一起看一段淘宝营销对话。

淘宝：“亲，这件衣服绝对适合你，而且配上小马甲特别好看。”

买家：“嗯，是呢，我就有一个小马甲呢。”

淘宝：“看来亲也是一个喜欢时尚的人。我新进了几款马甲，你帮我看看怎么样？”

买家：“好啊！”

（几分钟后）

买家：“我觉得这个真不错。”

淘宝：“亲，你眼光真的是很好，这款是最近咨询最多的一件，而且很便宜呢！这个和你刚看的衬衣在一起绝对很吸引眼球。”

买家：“多少钱？”

淘宝：“很难得咱们聊得来，而且都喜欢这件衣服，如果你同时买的话，这件衣服我给你打七折，包邮好了。”

买家：“那好啊！我买两件吧，还省了邮费。”

我们在买衣服的时候，如果真的碰上这么会“挖陷阱”的卖家，也只能望着钱包兴叹了。这位卖家，通过赞赏对方的欣赏能力满足女性的小小虚荣心，挖下了“陷阱”，再通过说自己的这件衣服很配她刚刚买下的衬衣，终于让买家按捺不住，继续购物了。

第七章

能言善辩控局面，谈判占据制高点

谈判是一场看不见硝烟的战争，但只要你置身其中，就一定能闻到双方互不相让的火药味，这就是一场属于谈判的交锋。在这种剑拔弩张的气氛下，一个小动作、一句看似漫不经心的话，都有可能成为制胜的关键。所以，这种时候，一定要充分运用自己的口才，将平日里能言善辩的本领发挥出来，占据谈判制高点，从而牢牢掌控全局。

沧海一声笑——先声夺人术

世界级拳王穆罕默德·阿里被同行称为“吹牛大王”，这是因为他每次上场之前都会大喊自己一定能够击倒对方。其实，这并不是吹牛，而是智慧地运用了先声夺人术。上场之前，就通过强有力的宣誓给了对手心理上沉重的一击，从而壮大了自己的声势。

同样，在交锋的过程中，如果想要自己取得最后的胜利，首先就要使自己比较积极主动，让自己的语言对对方产生一种比较强大的震慑力。

保罗是美国一位著名企业家的独生子，父亲从事的是服装行业，但保罗却对石油业情有独钟。从牛津大学毕业之后，保罗马上开始了石油开采业的发展。当时，俄克拉荷马州刚好有一个石油矿井招标，这一招标对保罗来说无异于一个“大奖”，所以他势在必得。

当然，别人也看到了这次招标的好处，因此参加招标的企业家不在少数。对于一个刚刚从事此行的年轻人来说，要赢得竞标显然不是件容易的事情。但保罗没有退缩，他花重金租了一身十分名贵的衣服，然后雇用了几个银行工作人员，这几个人犹如保镖一般紧跟着保罗。即便是这样富家贵公子的打扮，在众商云集的会场里，保罗也显得很不起眼。于是，在竞标开始前肃静的那几秒钟，保罗突然冷不丁地爆发出一阵大笑，在场人士的目光纷纷转移过来，好像此时此刻才注意到这位突兀的年轻人。

接着，企业家们开始注意到保罗身后的银行工作人员，再接着，他们开始打探保罗的出身。当了解到他是著名企业家的儿子之后，这些人竞标的信心大减——谁能抗住一个带着银行工作人员的大企业家公子？更何况，保罗那突兀的笑更像是一个“挡我者死”的警告。最终，由于他人不敢随意抬价，保罗赢得了竞标。

你可能会认为保罗赢得竞标有些滑稽，甚至不可理喻，但这其实就是先声夺人术的妙处所在。那一身装扮和随从，首先让人不敢低估他的财力。紧接着，那“沧海一声笑”，在无形中刺激着竞争者的神经，让保罗赢得了招标。

心理学家认为，不管是外表还是语言，都需要给人一个具有震慑性的第一印象。因为第一感觉总是先入为主，它能够化被动为主动，让你在交锋过程中抢先获得主动权。就像优秀的演讲家一定在某个时间段采用过屡试不爽的开场白，那就是“100 年前的今天”。显而易见，“100 年前”式的开场白能够一下子吸引人们的视线。

不过，这种先声夺人的语言技巧在使用时，要把握住两个基本点，才可以使对方心服：一是懂得把握时机。任何时候，机会都是赢得胜利的前提和保障，尤其在谈判过程中，你必须像狼一样冷静和敏锐，能够灵活控制说话的频率和气势，在精神上占上风。二是有气势。谈判中的交锋尤其看重的就是气势。谈判中你要做出一副毫无畏惧、视死如归的表情，千万不要被对方的假象所欺骗，从而重挫了自己的锐气。

1. 把握时机，说出自己的气势

在进行语言交锋时，要敏锐地识别出对方语言中的漏洞，适时发挥，通过对方语言的不严密说出自己的气势。特别是在一些辩论场合，这种方法可以有效地提升自己的气势，在交锋中占得先机。

新加坡国立大学与香港中文大学举行辩论会。辩论过程中，香港中文大学代表队作为正方一直找不到有力的辩论点，但值得庆幸的是，他们不急不躁，在静静等待着时机。终于，当反方提出“外来投资能够确保中国经济高速增长”时，正方知道到了自己出手的时刻了。他们紧紧抓住“确保”这个词，明确指出“确保”并不是“100% 的肯定”。比如公交车上经常会出现“为了确保乘客安全，请不要手扶车门”的语句，但实际上，做到不手扶车门并不能确保一定安全。

可以设想，如果没有把握时机，香港中文大学想要取得胜利可能不会这么顺利。在辩论的过程中，香港中文大学敏锐地抓住了对方“确保”一词使用得不够精确，确立了自己的论点，将对方转移到了交锋的劣势地位。

2. 面对危境，果断“出声”维护自己的利益

在面对一些比较复杂的环境，或者是自己的处境比较危险的情况下，我们可以利用“先声夺人”，将对方威吓住，确保自己的安全，维护自己的利益。在面对他人的无理取闹时，我们不要慌乱，而是要用有气势的语言首先稳住场面，让自己的气势占有先机，然后再拿出对自己有力的证据，让对方哑口无言，无处下手。面对这样的强敌，对方也只能败下阵来了。

可是，大家用什么看呢——擒贼擒王术

“射人先射马，擒贼先擒王”，这话在生活中经常被人提及，其意指在战争中抢先攻打敌军的主力，主力一旦溃散，敌军的士气必将土崩瓦解。交锋中，这种擒贼擒王术同样适用。

在谈判过程中，我们往往需要根据对方的论据或者论证来寻找攻击点，但这样并不能马上判断出对方命题的真假，这样就会导致自己陷入不利的境地。因此，倒不如直接对对方的主要观点或者直接论题进行反驳，如此即便不能完全获胜，也能大挫对方的士气。擒贼擒王术正是通过对论敌的观点直接进行反驳借以驳倒论敌的方法。

1981 年，一场盛大的婚礼在英国伦敦举行，那对备受瞩目的新人就是查尔斯王子和戴安娜王妃。这场世纪婚礼不但唤醒了伦敦的街道，也唤醒了街道上的众多商家，大家都争相打起了婚礼的主意。有借机出售纪念性图案的，也有在糖果盒子上印上王子及王妃照片的，但获利最大的，却是一个说动了望远镜商店在当天出售望远镜的年轻人。

英国王子即将举行婚礼的消息一经传出，年轻人马上敏锐地察觉到这是一个挣钱的大好机会，他所要做的，就是选出最赚钱的物品。鲜花也好，礼品也罢，这些常人都能想到的商品肯定不在考虑范围之内。某一天，当他经过一个望远镜商店的时候，突然意识到，这就是婚礼当天最热卖的商品。

年轻人走进商店，对店主说：“如果我是你，就趁现在多进一些望远镜，它会用得着的。”商店老板自然不相信一个陌生人的话，他毫不客气地拒绝了年轻人。但年轻人并没有泄气，他狡黠地笑了一下：“王子婚礼当天，什么样的人最多？当然是看王子和王妃的人。可是，大家用什么看呢？”

这番话一说出来，同样精明的商店老板马上领会了年轻人的意图，立即购进了大量望远镜。果然，王子婚礼当天，望远镜的销量几乎比以往一年的销量还多。

看起来，年轻人只是动了动嘴皮子就说动了商店老板，但实际上，他的这几句话可不简单。首先，年轻人抓住了商人想要获利这一关键本性，将望远镜的销售前景说了出来。其次，望远镜在王子婚礼当天会大卖也是一个十分值得关注的点。这两点就相当于战争中的“王”，擒住了“王”，那么剩下的事情就简单起来了。

也许在一些人眼中，“王”这个字只是一个霸气的象征，又或者代表着某一股势力的头目。但实际上，“王”并没有表面看起来那么简单，它不但外表霸气，所起到的心理作用也同样不可小视。心理研究证明，谈判过程中，当一方的观点出现漏洞时，他们必定会在心理上形成某种“失势”的阴影，而擒贼擒王术正是利用这一阴影，从而获得胜利。

在运用这种擒贼擒王术时，除了像上面的案例中那样，抓住对方的论点不足之处予以攻击外，我们也可以借用“实践”来考察论敌的论点。

1. 抓住对方话中争议点，治论敌于无形

俗话说得好，“打蛇打七寸”，意思就是攻击对方时，一定要抓住对方言语中的争议点，一招击溃使其不能翻身。在交锋中同样如此，一旦将对方的论点驳倒，对方便处于被动地位，很难反败为胜。

厦门大学萨本栋校长曾从英国请来一位教授讲学，然而这位教授却目中无人，直呼厦大不如“英伦三岛之中的小学校”。萨校长压抑住心中怒气，解释道：“因为战争，所以学校设施简陋，但我们的教学质量一如从前。”

英国教授听完说道：“都说中国‘物华天宝，人杰地灵’，依我看，也不过如此。”

萨校长怒道：“教授先生，你别忘了，中国李白、杜甫如冲天之日时，英伦尚是中世纪的蛮荒之境。”

英国教授大声道：“校长先生，你也别忘了，是斯坦福大学造就了你的才能和学识。”

萨校长冷哼一声，回道：“教授先生，没有中国文明，哪来不列颠帝国的产业革命？”

萨本栋在和对方进行交锋时，紧紧结合对方的论题进行反驳。在英国教授说西方文明胜于中国时，萨本栋用中国古代文明光耀世界时，英国还蛮荒未定进行反驳。接着英国教授又以萨本栋的留学背景进行反驳，而萨本栋则以工业革命得益于中国四大发明让对方无话可说。

2. 将论题用于实践之中

“实践是检验真理的唯一标准”，对于交锋中的论题也是这样。将对方的论题付诸实践之中，用事实说话，其论题的真假就会马上暴露出来。

一天，前线战场来了一个人，指名要见当时的将军。将军不明其意，于是准其入内，那人进去之后，立刻扬扬得意地拿出一套军服，说：“将军，这套军服是小人最近发明的，它刀枪不入，您何不买下它呢？”

将军听完后笑道：“如此，你便先穿上它，让我试一试吧？去，把本将军的长枪拿来。”

一句话，立刻让卖军服之人面如土色，跪地求饶。

军服是不是真的刀枪不入，真刀真枪试试就知道了。军服的制作者不敢用长枪来做实验，反而跪地求饶，足以证明他所说的不过是骗人的假话而已。制作者的论点在面对实践检验时，不攻自破。

从国内选出两位美女——紧锁要害术

这种以堵住对方退路为主要目的的紧锁要害术，类似于我们平常所说的

“关门打狗”。运用这种语言技巧的根本所在就是要抓住他人观点中的弱点，一招儿克敌。在交锋中操作者要对对方的观点和论证进行充分的分析、寻找突破点，结合自身情况和优势合理组织语言，一旦出击，就要有所斩获。

春秋时，吴、越都是南方的小国，越王勾践依靠有理财才能的范蠡及精通军事的文仲，和吴王夫差对峙。勾践十二年，越国在会稽山败给吴国。以理财闻名的范蠡想出计谋，只有利用夫差好色及近臣贪婪等弱点，才能死里逃生，最终挽回败局。

越王勾践对大夫文仲说：“听说夫差非常好色，沉迷于声色时，就会不理国政。我们可用女色来迷惑他。”

文仲回答：“这个方法很好，我们从国内选出两位美女献给吴王。”

西施是一位绝代美女，她和另一位美女郑旦被选上，随后越国对她们进行妆扮及各种礼节的训练。

三年后，她们才由宰相范蠡带着献给吴王，并说：“越国已经被大王打败，我们大王想要表示自己的忠心，但是实在没有像样的礼物。这是越王最爱的两个女人，如果不适合当宫女的话，您可以让她们去清扫院子。”

吴王心想，越王既然对我如此忠诚，我应该接受才好。得到西施这样的绝代佳人，夫差更加沉溺于声色。越王勾践又用金银财宝贿赂吴王及其属下大臣，加上勾践卧薪尝胆，最终战胜夫差，完成了复国大业。

越国在运用这一招儿紧锁要害术时，首先是分析了夫差此人的性格弱点，知道他好色，因此给他进献美女，堵住他“拒绝”的退路。其次是在范蠡觐见时，他又强调自己的国家已经战败，什么都没有了。而且这两个女子越王不求夫差喜欢，只是让夫差处置。如此夫差对越国没有后顾之忧，满足了夫差打败越国后的虚荣心，他认为勾践没有不轨的意图，更加放心地接受这两个美女。

俗话说，人无完人。再优秀的谈判者身上都会有一两个致命的要害点。而心理学研究表明，当一个人的薄弱环节遭到攻击时，他就会方寸大乱，让敌方有机可乘。同时，找准要害点的攻击远比普通攻击有效得多，这种紧锁要害的战术，常常被用到谈判桌上。

紧锁要害术的语言技巧除了可以针对人的性格弱点外，还可以利用给对方制造一些语言上的“小机关”给予打击。这种语言技巧在运用过程中不能死守“清规戒律”，要学会随机应变，有的放矢。根据具体的情况和面对的交锋对象做出策略的调整，否则免不了处处碰壁。

1．研究论敌心理，寻机锁住要害

每个人都有自己的弱点，特别是在交锋过程中，因为紧张等因素，性格上的弱点是比较容易暴露给对方的。因此，在进行语言交锋时，我们就可以利用对方表现出来的弱点，抓住他们的要害。对于目中无人、刚愎自用的人，我们可以采用诱敌深入的办法，设置陷阱，然后趁其大意之时发起攻击；对于胆小犹疑之人，则可以大胆逼近，甚至虚张声势，让其不战而败。总之，针对不同的人，我们需要采取不同的心理攻势。

在一次国际会议上，某国外交官非常无礼地对中国代表提了这样一个问题：“阁下在西方逗留了这么长时间，不知道对西方文明是不是有了一点开明的认识？”这句话暗含的嘲笑之意不言而喻。然而，我国代表只是淡然一笑，说道：“鄙人一直在西方接受教育，所以对西方的了解应该不比你少。我倒是想知道，阁下对东方有多少认识？”

这一反问，立刻让这位无礼而狂妄的提问者尴尬异常，方才的傲气也一扫而光，只是羞愧地闭紧了嘴巴。

中国外交官在面对对方的傲慢无礼时，没有执意强调自己对于西方国家有多么了解。作为一个中国人，对于西方了解再多，在其本国人看来也是“鸡毛蒜皮”，很容易被对方抓住把柄。于是，中国外交官首先承认自己在国外求学多年，对西方有过了解，然后转问对方“对东方了解多少”，这样直接攻击对方的傲气，让对方哑口无言，陷入被动。

2．设置语言机关，巧用对方语言

在进行交锋时，我们也可以通过给对方制造一些语言上的小机关，使其不自觉地进入我们设置的语言圈套，趁机将其锁定。这种方法往往是引导对方说出我们所需要的观点，用对方的口限制其行动。具体怎么操作呢？我们一起看下面的这个例子。

宰相来到理发店，让剃头匠为他剃头。然而，这位平常小心翼翼的剃头匠这一次却一不小心剃掉了宰相的一边眉毛，他立刻慌了。不过，情急生智的剃头匠仍然想到了一个自救的办法，他说道：“都说宰相肚里能撑船，可我看您的肚子一点都不大，怎么能撑船呢？”

宰相笑道：“那是说宰相度量大，而不是肚子大。”

剃头匠马上跪在地上，说：“小的该死，剃掉了相爷的眉毛，希望相爷气量大，饶我一命。”

宰相能怎么办呢？他只好说：“你帮我画一条眉毛吧。”

剃头匠这招锁住要害的巧妙之处就在于，他引导宰相自己说出做一个大人物要有大的度量。因此，再请罪时，宰相就不好对自己的话出尔反尔，对剃头匠给予惩罚，否则就是印证自己的度量不大。剃头匠的这一招儿让宰相毫无退路，只能草草了事。

你给我五法郎就可以解决此事——倒打一耙术

一位庸医总是治不好病人，他的妻子问他：“你为什么总是治不好病人呢？难道你的医术真的那么糟糕吗？”庸医不服气地说：“胡说，我熟读医书，医术非常高明，是那些病人的问题。”

妻子十分不解地问：“病人有什么问题？”

“他们没有一个人的病是和医书所描写的一样。”

如上面这则笑话一样，倒打一耙的做法总是让人有种怒向胆边生的感觉。但实际上，这种让对方心中产生不快的做法，在谈判中却是十分受用的。当我方遭到对方攻击时，化被动为主动，最好的做法就是反过来，从对方的言语中找到攻击点，从而发起反守为攻的攻击。

汤姆是生活在法国某小镇上的一个肉店老板，挣了一些钱，但生活日渐富裕的汤姆却比以前更加吝啬，每一分钱在他眼里都非常重要。和他住在同一个镇上的斯坦森是位律师，这位邻居律师最近经常接到投诉汤姆缺斤少两的信件，而他也正好想借此“提醒”一下自己的邻居。

某一天，斯坦森故意在肉店门口松开小狗的绳子，并看着它趁汤姆不注意的时候从肉案上叼了一块肉。几分钟后，汤姆发现了正在吃肉的狗，怒气冲冲地带着狗找到斯坦森，心想着又能敲到一笔钱了。

“大律师，我想咨询一下，如果一只狗擅自吃了别人的肉，那么狗的主人是不是应该对此负责？”汤姆问斯坦森，后者点点头。

“那么，请付我十法郎吧！就在刚刚，你的狗偷吃了我店里的肉。”

“合情合理。”斯坦森赞同道：“但是，你必须先付给我十五法郎的诉讼费，然后我再赔偿给你那十法郎。也就是说，你给我五法郎就可以解决此事。”

精明的商人汤姆眼珠一转就知道这是个亏本的买卖，自然不愿意做，但斯坦森却坚决用上述的方法来解决问题，否则，他无法达到“提醒”对方的目的。

“明明是我的狗偷吃了你的肉，反倒让你付钱，是不是觉得不公平？我也觉得这说不过去，由此我联想到那些付了足够的钱却买到缺斤少两的肉的顾客，也许他们的心理和你现在是一样的。”斯坦森说，而汤姆则一脸愧色地站在原地。

试想一下，明明处于优势的你提出了某个对自己有利的观点，而这个观点却突然变成了对方的利器时，这种巨大的心理落差会造成什么结果呢？谈判是一种步步为营的艺术，每一句话，甚至每一个小动作，都会对最终的结果产生重大影响。一旦不小心中了对方的倒打一耙术，那个不知所措的瞬间，就有可能成为对手扭转时局的时刻。

汤姆之所以敢气势汹汹地牵着狗去找斯坦森理论，是因为他相信优势在自己那一边。然而，他没有想到的是，斯坦森虽然承认了狗偷吃肉的事实，但倒打了一耙，让他支付高于十法郎的诉讼费。一瞬间，汤姆的优势变为了劣势，从而让斯坦森掌控了局面。

当然，使用这种倒打一耙的语言技巧必须善于抓住论敌语言中的矛盾，捕捉对方论点中的弱点，这样进攻才有力度。另外，还必须注意站在正确的立场上使用此术，如果明明知道是自己错了，为了一己私利，反而嫁祸于人，这就是歪曲事实了。

1. 利用对方的漏洞

在人们的印象中，倒打一耙往往包含着贬义——明明知道犯错的是自己，但是却不愿意公开承认错误。为了维护面子和自尊也好，为了死不赖账也罢，不管目的是什么，在采用此战术的时候，都要懂得利用对方的漏洞进行攻击。

在面对对方的指责时，我们经常会站在自己的立场上考虑问题，利用对方语言上或者行为上的小漏洞倒打一耙，在面对这样的情况时，我们不能跟着对方的诡辩跑，离开最初的问题，而是要坚持就事论事，不然自己就会陷入不利之中。

2. 咬住对方的文字进行反击

倒打一耙的语言技巧，在面对对方攻击时，能把对方的批评矛头巧妙地进行调转，可以保护自己不受过大的冲击，减少自己的压力。某著名制片人就曾经遇到过这样的情况。

> 某重拍的新版经典电视剧开播后掀起一阵舆论风波。不过，观察其中的评论，你会发现大多是负面评论，从服装到剧情，每一个方面都被人诟病。而谈到这些评论时，制片人却说道："新版电视剧很好，但是为什么有那么多人说不好呢？只能说他们自己的审美有问题。"

制片人的这个回答，就是出色地应用了倒打一耙术。对于那些负面评论，他没有从正面去回答评论本身的好与坏，而是咬住"审美"这个概念，明确表示，会出现那么多负面评论，不是他的问题，也不是新版电视剧的问题，而是某些人自己的审美观出现了问题。这种辛辣而犀利的回击手法，无疑在瞬间掌控了局面。

此次奥运会将不会使用IBM的任何产品——放线钓鱼术

假设一个人的寿命是 80 岁，那么他会用前 25 年来学习。同时，我们学习的众多知识，却不是完全能够应用到生活中来。于是，有人问道："我们为什么学习?"这是因为，人生本来就有很多事情是徒劳无功的。正因为如此，我们才更看重事情的利害，热衷于做对自己有利的事。而在交锋过程中，这种诱之以利，放长线钓大鱼的战术，也是取胜的一种途径和方式。

1984 年，第 23 届夏季奥运会在美国洛杉矶举行，而这届奥运会随后成为奥运史上的"奇迹"之一，因为举办方没有动用政府一分钱，反而净赚 1.5 亿美元。这到底是怎么做到的呢？其实，这一切都逃不出放线钓鱼的利诱之术。

该届奥运会的组织者是尤伯罗斯先生，在拉赞助的时候，这位智慧过人的组织者没有像往常一样接受几百家赞助，而是限定名额为 30 家。这 30 家赞助企业需要各自出资 400 万美元，但获得的利益是可以得到奥运会某项商品的专门供应权。这一巨利显然是商家们难以抗拒的巨大诱惑。因此，光赞助宣传，尤伯罗斯就筹到了 3.8 亿多美元。

随后，尤伯罗斯先生看中了 IBM（国际商业机器公司）生产的电子设备，但遗憾的是该公司没有提供赞助的表示。于是，尤伯罗斯先生再一次采用放线钓鱼术，亲自致电 IBM 公司董事长，明确表示："提供赞助，可以在下一代年轻人心中树立 IBM 公司的企业形象。同时，NEC（日本电气股份有限公司）也在积极申请，错过这次机会，此次奥运会将不会使用 IBM 的任何产品。这个损失对 IBM 来说也是一个不小的冲击。"就这样，尤伯罗斯先生赢得了 IBM 公司的赞助。

很显然，尤伯罗斯先生之所以能够成功为美国净赚 1.5 亿美元，就是因为他深谙利诱之术，他深切地知道每个人都会为自己的利益考虑，尤其是商人。所以在谈判一开始，他就打了一张"王牌"——利益。为了维护和增加自己的收益，即使是 IBM 公司也不得不上钩，最终提供了赞助。

由此可见，利用人们想要获利的心理，在语言交际中，如果想要达到一个比较满意的办事效果，我们就可以把好话说在前头，以被求人的切身利益为准，激励他按照你的想法去运作。了解对手的心理需求，知道他想要得到什么之后，就积极主动地提出帮助，满足其愿望。这样一来，你便赢得了主动权，再提出要求和建议时，就相对容易得到肯定了。

1. 以利益引导对方听从自己的意见

一个语言技巧成熟的人，往往会在说服对方时，让他知道原来的做法是小利大害之举，从而取得他的信任，进而让他听取你的意见。因此，谈判时，说服对方，让其按照你的意愿走下去的关键就是晓之以利害，同时以对方之利为中心点，让他感受到你在为他着想，从而在不知不觉中接受你的提议。

齐国大夫田常因为一己之私想要攻打鲁国，鲁国谋士子贡临危受命，到齐国说服田常。

子贡："阁下想要攻打鲁国，这可不是明智之举。"

田常："为何?"

子贡："鲁国很容易攻打下来，但这对您却没什么好处，倒不如去攻打吴国。"

田常："此话怎讲?"

子贡："打下鲁国之后，大臣们必定认为打仗十分容易，于是纷纷向国君献策，到时候哪有您献策的机会？这样一来不是反而不好了吗?"

田常一听，觉得言之有理，竟放弃攻打鲁国的想法。

为什么田常愿意相信子贡的话呢？就是因为子贡对于人的利已本性有非常深刻的认识。天下所有人都为使自己的利益最大化而奔忙。所以，他在游说田常的时候，首先站在田常的立场上，激发起他的利己之心，并且加以巧妙利用，让他觉得，按照自己的意见办就能够得到最大利益。

2. 让对方看见利益，实现交易成功

人类的一个通性就是"趋利避害"。在语言交锋的过程中，如果可以找准时机，将利害关系给对方讲清楚，那么就有可能让对方成为你观点的赞同者。在进行商业活动中，这种诱之以利的方法，在争取对方认同时很重要。

在买东西前，我们常常在两家店铺之间做比较，看哪一个对于我们来说更加实惠。因此，店铺也利用买主的这个心理，在自己的营销策略上做出相应的调整。在我们挑选衣服时，导购会告诉我们：“在我们家购买衣服可以享受优惠并且赠送小礼品”。这个时候，顾客心理上就会更加偏重于在这个店铺买东西，不会再考虑其他。

这种诱之以利的语言技巧，就是利用人们的“利益衡量”心理，将可能得到的利益摆在人们面前，以利益引导人们做出符合自己意愿的选择。

请给我换一张纸币——捍卫底线术

不管你承认与否，我们每个人都不愿意被贴上“没有原则”的标签，因为这意味着普通、大众，同时也在一定程度上意味着失败。其实，原则是底线的一个体现，一个敢于坚持原则、捍卫底线的人，不但能够得到对手的尊重，还能在谈判中为自己赢得胜利的机会。

并不是坐在一张谈判桌前，你才开始一场谈判。事实上，生活就是一场谈判，你需要和你身边的人：上司、同事，甚至你自己进行谈判，这时候，紧扣你的“死线”，更有可能让你胜出。

某公司高薪招聘会计员，三位年轻的女士前来应聘，这次招聘由总经理亲自主持，所以三位年轻的女孩子都显得比较慌张，各自猜测着总经理出的面试题。

第一个女孩子走进面试厅了，只见总经理面无表情地甩给她100块钱，让她先去给他买一包烟回来再开始面试。女孩听完后觉得自尊心大受打击，还没进公司就开始跑腿，那进了公司之后岂不是永无出头之日？于是她骄傲地带着自以为是的“自尊心”走了。

第二个女孩子同样谨慎地走进面试厅，总经理依然面无表情地抛出了那张粉红色的钞票。女孩子捡起来，到小卖部里去买烟了，然而在付钱的时候，小店老板说那张钱是假的。女孩委屈地用自己的钱付了款，并把找零的钱交给了总经理。

轮到第三个女孩子进去面试了。她微笑着拿起钞票，一眼就看出那是一张假钞。于是她礼貌地走近总经理，说道："经理，请给我换一张纸币。"最终，第三个女孩子成功应聘，而总经理最后给出的理由是作为一个合格的会计员，在金钱面前坚持自己的原则是很有必要的。

我们不能说前面两个女孩子的做法是错误的，也不能肯定地说第三个女孩子的做法就是正确的，这得根据特定的情况来看。但从这个事例中，我们不难看出第三个女孩子与众不同之处，她不卑不亢地指出了那是张假币，捍卫了自己的底线，从而为自己赢得了工作的机会。

事实上，心理研究表明，人们往往更崇敬或者说热衷于跟随那些能够捍卫自己的底线，始终坚持自己原则的人。因为这些人在一定程度上代表着忠诚与信任，而信任往往是沟通最重要的桥梁。在谈判过程中，对手更尊敬、更愿意相信的也是那些坚持底线的人。因为坚持，会让他们更相信你所做出的承诺。

在使用这种"捍卫底线"的语言技巧时，首先要做的就是面对强敌不能胆怯，守住自己的原则不跟着对方走，才能保证自己在以后可以寻找时机反败为胜，确保自己的利益不会被对方侵害。

在进行商业谈判时，我们所要遵循的原则就是自己的利益不能受到损失，为了达到这个目的，在谈判时，重要的原则性问题是绝对不可以让步的。这种紧扣"死线"的招数在商业中可以体现在"软磨硬泡"上。

据说，一位沙特阿拉伯石油大亨面对心急如焚的谈判对手时，不停地强调自己可以给予的最低价位，无论对方说什么，都要说："我只能出这个价钱。"最终迫使美方妥协，按照他的价位成交。一位美国石油商代表曾这样描述这位沙特阿拉伯石油大亨的谈判艺术："他最厉害的一招儿是心平气和地重复一个又一个问题，最后把你搞得精疲力竭，不得不把自己的利益拱手让出去。"

在谈判过程中，如果你遇到的是急于求成的对手，那么不妨利用对方急于达成协议的心理，采用使对方疲劳的"持久战"，从而迫使其做出相应的让步。淡定地重复自己的底线，和对方软磨硬泡，使对方不得不屈服。

今天找到知音了——求同存异术

有一则寓言说，天鹅、乌龟和大虾同时拉一辆车。天鹅使劲儿往天上拉，乌龟拼命往岸上拖，大虾则一个劲儿地往水里拽，结果车子过了很长时间仍然停在原地，一动不动。

大家都使了劲儿，可为什么拉不动车子呢？因为它们没有共同的目标和方向。事实上，这给了我们一个启示——在交锋中，我们可以利用双方论题的共同点作为突破口，寻找时机对对手进行反驳。在进行外交和商业活动中，为了对抗比自己强大的对手，我们经常需要联络其他的伙伴共同对抗。但是，个体或者集团之间都是存在分歧的，在这种时候，为了争取合作，我们就需要找到双方的共同之处加以发挥，并且以这种共同点作为说服对方的突破口。

基比和诺拉分别是两个谈判代表团的主要代表，他们在谈判桌上僵持了近一个星期，每个人都希望对方能够做出相应的让步，而双方又都各不相让。很显然，要想谈判继续下去，一方做出让步是必须的。那么，妥协的一方究竟是谁呢？

某次谈判结束之后，基比决定请诺拉吃饭。

“虽然站在不同的立场，但我觉得我们两个人就像战场上对战的两个将军，不禁有点惺惺相惜的感觉。”基比对诺拉说。他看到诺拉脸上的表情缓和了一点，显然很赞成自己的意见。在餐馆，基比把菜单递给诺拉，后者点了一份双煎牛排，基比高兴地说道：“你也喜欢吃这道菜？我也是，这是我最喜欢的一道菜，没想到今天找到知音了。”

在随后的聊天中，基比只字未提导致谈判僵持的那个点，反倒是不停地寻找和诺拉之间的共同之处——同样喜欢在寂静的晚上看月亮，同样喜欢在半夜喝一杯凉水，甚至连一些小的生活习惯都是惊人的相似。基比毫不掩饰地表现出了相见恨晚之意。事实上，这些习惯都只是对手诺拉一个人的习惯，而这个人却关系到他们的竞争，于是，基比在费尽心思制造共同点。可喜的是，他的刻意为之取得了效果，诺拉在下一次的谈判中做出了微小的退让，而这一点点妥协，就是往后进一步妥协的开始。

在正派人士眼中，基比的手段显然有点违背道德，但如果把它当作是一种计谋的话，那就只能归结为兵不厌诈了。事实上，作为和他僵持了那么长时间的对手，诺拉绝对不会不知道基比的用意，但两人之间的“共同点”却像软化剂，让他不自觉地放松了警惕，从而做出了让步。

唐朝的围棋手们曾创立了“围棋十诀”，而这“十诀”中有一诀为“势孤取和”，这是什么意思呢？它的意思是，当自己的力量不足以和对方抗衡的时候，就要懂得暂时顺势而行，求同存异。心理学上有一个共通心理，说的是当一个人和另外一个人有了共同点的时候，他们之间的戒备心就会有所降低，从而缓和彼此间剑拔弩张的气氛。因此，在交锋过程中，我们需要主动挖掘一些共同点，缓解对手紧张的压迫，并为自己赢得时间。

这种求同存异的交锋技巧在实际操作中，不仅可以用作对对方的一种反驳，同时也可以用作说服对方，一起对抗更强大敌人的一种手段。有时候，我们也可以利用巧妙重复对方论点的求同存异的方法来对对方的论点进行质疑。

1. 寻找共同点，反驳对方观点

在与论敌进行语言交锋时，会遇到对方的一些恶意嘲讽，在这个时候，可以在对方的论题中找到一个有利于自己论点的相同之处进行反击。

> 曾经，有一个地主想要吃肉，便到集市上买了一块猪肉，让长工拿着。结果，路上肉被几条野狗叼跑了。地主很生气，非要让长工把肉追回来。长工见野狗早就跑得不见了踪影，就说：“东家，我们长工一年到头吃不上一回肉，你就一次不吃有什么要紧呢？”
>
> 可是地主蛮横地说：“你们吃不着肉，是因为你们没有这福气。”
>
> 长工听了非常生气，但是依旧带着笑意说：“这么说，刚才那几条野狗同你一样有福气啦？”

长工面对地主的发难，没有进行直接抗辩，而是从“吃肉”与“吃不着肉”和“狗吃肉”与“人吃肉”中寻找到一个共同点，也是对地主所谓“福气论”的一个有力的进攻点：能吃肉就有福气，由此推出地主与狗都有福气。

2. 重复对方论点提出自己的质疑

再优秀的谈判高手在表达自己的观点时也不可能做到每一句话都滴水不漏，所以，如果你暂时处于劣势，不要着急，也不要对对方的话进行直接反驳，尝试着采用一种询问的语气重复对方的意见。这种做法当然不是单纯地让对方再说一次，而是给对方思考的时间——你的话是否能够得到证实？如果不能的话，请及时改正。

在一次家长会上，一名苛刻的家长对校长说道："现在的学校简直越来越不像话了，大多对孩子溺爱过度，所以现在的学生才那么肆无忌惮。依我看，你们应该让他们做他们不喜欢的事，什么事都可以。"

校长听后说道："学校对学生溺爱过度？您认为让学生们做他们不喜欢的事就可以让他们不那么肆无忌惮吗？"

校长的这种疑问的语气，虽然赞成对方的部分观点，但是依旧感觉这样的论点不够完善，因而重复对方论点，希望对方能够及时改正自己有失偏颇的论调。当然，这也是求同存异的技巧之一。

我是进门，还是出门——逼敌抉择术

往大的方面说，人生本身就是一道艰难无比的选择题，几乎每时每刻我们都在做着选择——早上吃包子还是饺子？在老板面前是站着还是坐着？见到喜欢的人是说"你好"还是"我喜欢你"？这些平常而琐碎的选择题，就拼成了我们独一无二的人生。

谈判时也一样，我们要善于给对手制造选择的机会，必要时，甚至逼敌抉择。简单来说，这是一种刻意为对手制造多重选择的可能，从而让其从中择其一的做法。从心理学上来看，我们可以发现，人们对出现在自己眼前的选择，往往会采取在既定选项中选出答案的做法。也就是说，你相当于主动出题人，而对方却只能被动做题，这样一来，主动权就必然会掌握在你的手中。

云南流传着这么一个民间故事。

有一个年轻美丽的聪明姑娘，名字叫美貌女。皇帝看中了这个女子的美貌，要强行带她进宫，此女执意不肯，于是皇帝便说："你回答我一个问题，如果答错了，你就必须跟我进宫。"然后，皇帝脚踩马镫，挺身悬空，问美貌女说："你说我是上马，还是下马？"

美貌女没有直接回答，而是不慌不忙地一只脚踩在门外面，一只脚踩在门槛上，反问皇帝说："你说我是进门，还是出门？"

这个故事中，双方都采用了给对方制造"选择性"难题的策略。皇帝要美貌女在"上马"与"下马"之间做出选择。不管美貌女怎么说，皇帝都可能说出相反的答案，企图以此使美貌女陷入困境。美貌女看透了这一点，于是就将这种选择性问题重新抛给皇帝，要求皇帝在"进门"与"出门"之间做出选择，让皇帝也哑口无言。

当论敌列举若干可能情况要我们选择，企图难倒我们时，我们可以以其人之道而治之：用逼敌抉择术来回击，或者是利用这种逼敌抉择术将对方逼入死角，使其没有反抗的余地。有时我们还可以接过论敌的话来要求论敌自己进行抉择。可以说，巧妙利用这种语言技巧可以使辩论别具魅力。

1. 用对方的话逼其选择

我们都非常熟悉聪明的阿凡提的故事。阿凡提作为一个平民百姓，经常用智慧战胜邪恶的力量。他的语言往往机智幽默，充满了抗争性，经常将对方驳斥得哑口无言。

有一天，阿凡提去集市买毛驴，卖驴的地方挤满了乡下来的农民。有个衣冠楚楚的人经过那里，说道："这个地方真是肮脏啊，不是农民，就是毛驴。"

阿凡提听后，便走上前去问道："先生，您准是农民了？"

这个衣冠楚楚的人一听便很不高兴，说："不，我当然不可能是农民了。"

"那您在这不是毛驴就是农民的地方算是什么呢？"

听了阿凡提的话，这个衣冠楚楚的人脸红一阵白一阵，灰溜溜地走了。

这个衣冠楚楚的人话中之意是：“这里所有东西或者是毛驴，或者是农民。”阿凡提接过这句话，用一种二选一的形式，使对方先排除自己是农民的身份，结果就进入了“毛驴”的行列，使得对方窘态百出。

可见，这种逼敌抉择的语言技巧在处理故意刁难的事情时，利用对方的话语来设置选项，往往可以把对方逼入死角，使自己在交锋中占据有利的位置。

2. 虚假命题做选择

当然，任何一位出题者都必须注意一点，那就是必须认真分析所给选项的利害关系，对自己有利的选项放进去，而对自己无利的选项则应该剔除。而且，给出的各项选题，应该针对对方要害，而不是一概而论。同时，众多选项中，必须有一种选项是真正存在的，否则你的命题就成了一个虚假命题，而这个虚假命题一旦被对手识破，那它就会成为反过来攻击你的利器。

古希腊有一位非常著名的哲学家，他善于分析和处理很多命题，但这位智慧的哲学家有一次被难住了，因为有人问了他这样一个问题：“你是否已经停止打你的父亲?”要求是只能用“是”或者“否”来回答。

很显然，不管是哪一个回答，哲学家都会给人留下话柄。看起来，这里给出的选项很全面，既包括了“是这样”的情况，也包括了“不是这样”的情况。但实际上，这一命题本身就是有问题的，因为它没有包含“没有打父亲”这一事实。

因而这一命题对一般人来说是虚假的。因此，对于这种问题无论怎么选择都是有问题的，我们必然被对方逼到无路可退。要反驳这种诡辩就必须指出这种命题是虚假的，理直气壮地回答说：“我从来没打过父亲!”

我从来不给蠢货让路——捕捉破绽术

一个人在说话的时候，无论多么从容，都会出现一些破绽，特别是在一些语言交锋比较激烈的环境下，出现破绽的概率就会更大。如果可以在这个过程中及时发现对方的破绽，并且加以适当发挥，就能在交锋中占据一个对自己更加有利的位置。

萧伯纳成名之后，经常参加一些重要聚会。一次，在聚会上，一位漂亮的交际花，看到面貌丑陋的萧伯纳就想对他讽刺一番，然后走上前去说道："萧伯纳先生，您长得那么丑陋，而我这么漂亮，那么如果我们结婚生下孩子，最好是智力像您，但是样貌最好像我这么出众。"

萧伯纳听后轻轻一笑说道："女士，那只是您的想法，如果孩子生下来像我这么丑陋，但是像您那么愚蠢，估计更加糟糕了。"

萧伯纳在面对对方恶意嘲笑时，也是利用对方语言漏洞进行反击。既然对方否定萧伯纳的长相认可萧伯纳的智慧，那么就以此为反击点，反讽交际花的漂亮面貌和智慧是成反比的，利用对方的思维逻辑上的漏洞进行了嘲讽。

因此，在运用这种捕捉对方破绽的语言技巧时，要善于利用对方语言中带有反义词性质的语言和思维进行巧妙的转化，寻找契机进行回击。面对一些可能是虚假的论据时，我们也要寻找方法，让对方自己将这种虚假性暴露出来，达到更好的交锋效果。而且我们也可以利用对方某种言行不一、具有自欺欺人性质的举动来捕捉其破绽进行攻击。

1. 利用言行不能统一揭露对方破绽

在生活中，我们常会遇到这种情况，我们知道某些道理，但是在具体行动的时候，却不能完全按照常理来进行。在语言交锋中，人们往往过分执着常理，这就给我们寻找对方语言破绽制造了一个时机。我们可以利用这种特点，利用这种言行不能统一的问题，找到破绽进行反攻。

邪石父是齐国谋反之人，被齐宣王斩首。斩了邪石父之后，齐宣王为了示威准备灭其九族。艾子听后求见齐宣王，说邪石父家眷不该被杀，齐宣王十分为难地说："这是祖宗法典上写的，我可不敢随便破坏先王的法度。"

艾子笑着说道："既如此，请大王也马上自决吧。我听说大王的舅舅叛国，舅舅叛国，大王岂不也是叛臣家眷？"

齐宣王听后啼笑皆非，不得不收回了成命。

在这里，齐宣王利用所谓的法典来给自己想要杀人寻找托词。艾子便顺着齐宣王的这种想法，将大王自己也归结到了罪臣亲属之列。面对这种情况，宣王自然不能将自己绳之以法，只能将罪臣的族人释放。艾子在这里就是利用言行没有一致的状况找到齐宣王的破绽进行反攻，保住了罪臣族人的性命。

2. 批驳虚假证言的破绽

在语言交锋时，为了使自己的论点更加突出，更加具有说服力，对方往往都会进行一些夸张，甚至有时候会信口雌黄。因此，在面对论敌时，我们要非常敏感于他们的论据，找到其中不合常理的地方进行批驳。

英国某小镇上发生了一起案子，嫌疑人案发后逃跑，一个月后被追回。下面是他的笔录："那天和往常一样，死者把车停在酒馆门口，我和他很熟，就上前去打了个招呼。但他趴在方向盘上没有理我。我觉得奇怪，于是伸手碰了碰他，可谁知他已经死了。这时候酒馆老板跑出来，说我杀了他。为了躲开这些麻烦，我就出去旅行了。"

然而，说到这里，调查此案的探长便知道凶手是谁了，他冷峻的脸上升起一丝寒意，问道："谁告诉你他死了？"

伸手碰了碰一个闭上眼睛的人，你就能断定这个人已经死了吗？他可能在睡觉，也有可能生病了，还有可能昏迷了，但不能肯定他已经死亡了。探长就是根据嫌疑人证词中的这一漏洞找到了凶手。

宁愿烧了也不给你——制造压力术

说到这种制造竞争压力的语言技巧，我们在实际生活中，几乎每天都在遇到。买东西的时候，当我们出现犹豫，卖家就会说："这件衣服存货已经不多，而且这个款式很受欢迎，今天不买可能明天就没有了。"在这种情况下，特别喜爱这件衣服的人，就会经受不住这种"压力"的考验，毅然掏钱把这衣服"请"回家了。

可以说，这种制造压力的语言技巧，就是巧妙利用人们竞争心理的一种方式。在面对竞争时，大家都希望自己可以占得先机。在买东西时，一旦卖家使用这种技巧，为了让自己比别人先买到这件衣服，总会有人迫不及待去付款的。

在 19 世纪的美国，一位来自印度的油画收藏家准备在纽约办一个个人拍卖会。这次拍卖会上他准备卖出三幅世界名画。一位美国的画商看中了这三幅画，认为有极高的收藏价值，于是就和这位印度收藏家进行谈判。

印度收藏家说："这三幅画非常珍贵，最少我也要卖出 400 万美元，少一分钱都不行。"

美国画商也是纵横商场多年的老手，自然不会轻易就答应对方的要求，他说："这三幅画没有那么值钱，我只能出你所开价钱的一半。"

就这样在价钱问题上双方争执不下。突然印度收藏家很气愤地站起来，对美国人说："你太没有诚意了，就你开出的价钱，我宁愿烧了也不给你！"说着就走了出去将一幅画点燃。看着这样的珍品就这么变成了灰烬，美国人非常不舍，当印度收藏家想要点第二幅时，他立刻走上前去阻止："你不要点了，我同意你的条件！剩下两幅画你卖多少钱都行。"

结果剩下两幅画以之前三倍的价钱成交，印度收藏家虽然损失了一幅画，却赢得了更高的利益。

在这次谈判中，美国人本想压低对方的价钱，可是没有想到印度收藏家为了不让这些名画遭受贬值的厄运，宁愿将画烧掉。这样的举动无疑是给美国画商的心理增加了无穷的压力。这种烧画的举动，无疑是一道最后通牒，告诉美国画商如果他要再降价，这些画都不复存在。面对这样的压力，想要得到这些名画的美国画商只能答应印度收藏家开出的价格。

在进行谈判时，利用这种制造压力术的目的就是对对方的心理上造成一种压迫。但是如何使自己的语言具有这种压迫性呢？首先，我们所要施加的压力要针对对方在谈判中的敏感点，使对方不能回避这种压力。比如，在谈判中，我们要抓住对方为什么要和我们合作的关键所在，利用这一点，制造如果不答应条件就不能合作的假象。其次，在给对方制造压力时，我方的态度要坚决。一旦自己的态度游移不定，反而会被对方抓住契机，将压力转移到我们身上。

1. 抓住关键点合理施加压力

在进行商业谈判时，双方提出合作总是要建立在一些特定条件的基础上，因此，在谈判中我们要尽可能地了解对方与我们合作的目的是什么，或者是我们有什么有利条件使对方要同我们合作。

在北京中关村有很多IT（信息技术）公司。张玉和自己的同学也在这里开始了自己的创业之旅。他们的主要业务就是帮助手机制造商制作游戏软件。有一天美国的一家大型手机制造公司和他们联系，要和他们合作。在谈判的过程中，美国方面将价钱压得很低。当时公司里负责市场开发的人经过调查发现，美国这家公司要和他们合作就是看中了他们设计的游戏比较符合中国市场，这样有利于他们和韩国一家公司争夺中国市场。有了这个信息，张玉在谈判中说："我们的报价已经非常低了，几乎毫无利润可言，如果你们再继续压价，我想我们也没有继续谈下去的必要，这款游戏我们还可以卖给韩国商人，至少还能保证部分盈利。"听到这里，美方的代表陷入沉默，几分钟后，便答应以张玉的报价成交。

在和美方进行谈判中，张玉知道了对方要和自己进行合作的原因，并且利用美国公司当时的主要竞争对手韩国进行了施加压力的攻击，迫使美国方面做出让步，维护了自己公司的利益。

2. 王婆卖瓜，抓住对方心理

在推销自己的产品时，将自己的产品优点事无巨细地介绍给对方，也会给对方的心理造成很强大的压力，给对方造成一种如果错过了你的产品，他将再也不能遇到这么合适的产品的暗示。但是，这种自夸式压力制造术在使用过程中，要注意自己夸奖的优点是顾客最需要的。如果你面对的客户想要买上衣，你将裤子夸得天花乱坠也是毫无意义的。

小陈是一个打印机推销员，有一次一位顾客来他的店里买打印机。他详细地询问了对方买打印机的用途，了解了是给公司用。公司使用的话，打印量往往比较大。因此，小陈就将一款激光打印机介绍给这位顾客："这款打印机不仅外观好看，也不占用很大的空间。激光打印不存在墨盒的消耗，如果是喷墨式，估计在公司里一天就要换一次，麻烦得很。而且喷墨式的打印机会挥发出墨盒中的铅分子，对身体伤害非常大。这款打印机正在搞活动，你到任何地方都买不到这么便宜的机器。"说着他还将一份各个器材店的报价单拿出来给这位客户看。思考片刻后，客户果断地选择了他的机器。

小陈的介绍完全建立在顾客实际需要的基础上，将两类打印机的优劣进行了对比，突出了激光打印机的优点，而且在最后将报价单拿给顾客，让对方知道自己的打印机是同款中最便宜的，如果去别家买绝对没有这么优惠的价钱。无形中就给对方一种压力，过了这个村就没有了这个店，对方自然心甘情愿地掏腰包了。

第八章

俏语妙言拢人心，社交场上占先机

你有没有想过，面对同样一批人，为什么有的人备受欢迎，而有的人备受冷落呢？很多时候，人们习惯于把自己不受欢迎归结为家境、背景之类的因素，却从未想过，你之所以不吃香，只是因为你不会说话，更不懂得社交场合的“术语”。再清高的人，在俏语妙言面前都会显得温驯，因此，掌握社交交锋术是赢得人脉的重要一环。

我也不希望您因此而遭受损失——实话实说术

在与人交往时，我们往往都希望自己的语言可以充满智慧，既能传情达义，又可以委婉曲折不会伤害到其他人。但是，事实上很多时候用一种诚实的方式实话实说也能够起到良好的效果。直爽诚实的人往往会给人一种可靠的感觉，而且这种实话实说的语言在进行买卖交易的商场中，会给我们带来更加丰厚的回报。

日本著名的企业家小池出身贫寒，生活环境非常差，但是他是一个非常正直的人。因为家里生活条件非常差，他很小就从学校出来打工。20多岁时，他到了一家机器公司担任销售员，工作非常认真，很多顾客都非常喜欢他。

有一次，公司又出了一款新产品。小池作为推销员来到了自己的老客户那里对他说："这是我们公司最新开发的产品，性能要比之前的产品更好，而且可以有效地减少原材料的损耗，希望你们考虑一下将厂里旧的机器进行更新。"

因为这是小池的老主顾，所以工厂主想也没有想就订了十台机器。但是，一个星期之后，小池发现市场上另外一家公司也有和自己公司的机器性能相同的产品出现，而且价钱要比自己的便宜很多。面对这样的情况，小池又一次登门拜访了自己的这位主顾，对他说："先生，前两天您在我这里订购的机器有一些小问题，我需要向您解释一下。"

工厂主一听非常纳闷儿，就问道："是什么问题呢？是质量不好吗？"

"这个倒不是，我们的产品质量您是绝对可以信赖的。只是关于产品的价格有一些问题。我最近发现市场上有一款和我们的机器一样的产品，但是比我们的要便宜很多。我想您可以从我这里把订单退掉，仔细考虑两天看一看您更喜欢哪一家的产品。”

工厂主听了小池的话非常惊讶地说道：“年轻人，为什么你要告诉我这些？如果你不说我或许永远都不知道这个情况。”

小池听后恭敬地回答：“即使您不知道，我也不希望您因此而遭受损失。”

厂主听了小池的话，觉得这个年轻人正直于是毅然决定购买他的产品。

在实际生活中，我们最常听到的关于商人的熟语就是“无商不奸”，似乎商人在我们的眼中就是欺诈的代名词。因而在进行交易活动中我们对于经商者总是存有一种排斥心理。但是小池的做法恰恰没有商人的狡诈和欺瞒，而是站在顾客的角度考虑，将自己知道的真实情况据实相告，这样反而消除了顾客的戒备心理，让顾客感觉到了他的真诚，为以后的销售道路奠定了良好的基础。

在生活中，我们也会发现有回头客的商家往往都是对顾客诚实相待的“老实人”，而那些以欺瞒手段对付自己客户的人，虽然一时得到了好处，但是不能将自己的生意继续开拓。由此可见，实话实说也是战胜对方的重要手段。

1. 实话实说，摆脱尴尬

在一些重要的社交场合，我们有时会碰到一些很难处理的问题，如果直接说自己不知道往往又会觉得很丢面子，不懂装懂可能又会闹出更大的笑话。这个时候，我们不妨采用一种很圆滑的手段，说一些绝对不会出现错误的大实话，来缓解自己的尴尬。

在一个旅行社，一位刚刚工作的导游员带领一个旅行团队到南方旅行，在参观当地的古城时，其中一位游客问道：“这个古城出过哪些名人啊？”听到这个问题，导游有点慌神。在来这里之前，她做了很多功课，将此地的名胜古迹都进行了查询，但是确实没有查找关于当地名人的情况。但是她此时灵机一动说道：“先生，这里出生的不是名人，都是一些婴儿。”听到这个回答，大家都哈哈大笑，气氛也活跃了起来。

面对游客的这个问题，如果导游说自己不知道，那么很有可能会让自己的权威性在游客心中大打折扣。可是如果自己胡说，又可能被了解情况的游客拆穿，让自己更加尴尬。因此，她就选择说大实话的方式，即使名人出生时也是一个婴儿，用这个回答，导游巧妙避免了自己可能会遇到的困境，而且活跃了旅行团的氛围，一举两得。

2. 实话实说，扭转形势

在交往过程中，面对一些棘手的问题或者对方的刻意刁难时，巧妙地实话实说也会让你走出困境，扭转对自己不利的局面。在这种情况下使用实话实说的语言技巧就是要直接面对对方的问题，不要回避。但是要用一个对自己有利的实话进行回复，避免自己的尊严被对方伤害。

在东莞的一个小制造厂里曾经发生了这样一件事。阿东是一个来自四川的小伙子，他为人精明又会看眼色行事，很得老板的赏识，因此很多工友都嫉妒他，经常背地里中伤他。有一次一个工友堵住了他的去路，很不屑地问道："阿东，据说你也读过不少书，也是个有文化的人，怎么还干这种低声下气讨好老板的事情?"

面对工友的无礼，阿东说："人类本来就是如此，你想挤牛奶，总得在牛的面前躬下身来才行!"

挤牛奶要弯腰是一个人人都知道的常识，阿东此时将这个实话用在这里不仅道出了有付出才有所得的想法，同时也智慧地消解了对方要侮辱自己的意图。有时候面对一些问题与其搜肠刮肚地寻找对策，不如用最简单的实话，用这个世界的本来面貌去解释错综复杂的问题。

请你们允许我说几句话——化敌为友术

生活中，大家宁愿多一个朋友也不愿意自己多一个敌人。中国有一句古话：在家靠父母，出门靠朋友。由此可见，朋友在中国人的社交中起着非常重要的作用。我们想要尽快做成一件事情往往离不开朋友的支持。因此，面对那些和自己意见不同，甚至是对自己心怀恨意的人时，最好的办法就是化敌为友，而要想达成这种目的，巧妙的语言技巧有时候就是必不可少的重要工具。美国历届总统中，林肯就是一位善于用语言化敌为友的语言大师。

林肯在竞选美国总统时，面对自己曾经的反对者伊利诺伊州群众进行了一次感人的演说。“伊利诺伊州的同乡们，肯塔基州的同乡们，密苏里州的同乡们：听说在场的人群中，有些人要和我为难，我实在不明白为什么我们要变成这样。

“我也和你们大家一样，是一个爽直平凡的人，那为什么我不能和你们一样有着发表意见的权利呢？好朋友们，请相信，我并不是来干涉你们的人，因为我也是你们中间的一人。我生于肯塔基州，长于伊利诺伊州，和你们一样是从艰苦的环境中挣扎出来的。

“我认识伊利诺伊州和肯塔基州的人，我也认识密苏里州的人，因为我是他们中的一个。而他们也应该更加清楚地认识我。而且他们如果真的认识了我，他们就会知道我并不想做一些对他们不利的事情。同时我相信他们也绝不再想对我做不利的事情了。同乡们，请不要做彼此孤立这样愚蠢的事，让我们大家以朋友的态度来交往。

“我立志做一个世界上最谦和的人，绝不会去损害任何人，也绝不会干涉任何人。我现在对你们诚恳请求的，只是请你们允许我说几句话，并请你们静心听！你们是那样的勇敢而豪爽，这一点要求，我想一定不会遭到拒绝。现在让我们诚恳地讨论一个严重的问题吧……”

这一篇成功的演说，先用自己的出身来取得对方的认同，让大家知道林肯和在场的每一个人一样都是这里的同乡，都是享有平等说话权利的公民，因此，希望可以得到大家的支持。这样的开场很容易取得在场每一个人的认同，林肯也被看作是自己的兄弟和同乡，以往政见不同所带来的隔阂便消除了。

而且，林肯用自己不会对这里的人造成不利的影响，以及自己不会干涉任何人的决定这样的承诺消除了对方的戒备，从而消除了人们之前对他存在的一些仇恨。后来林肯政治上的成功，很大程度上得益于这些曾经敌对者的拥护。

这种化敌为友的语言技巧所强调的一个重点就是利用这种技巧让对方认同自己的观点，而不能毫无原则地以承认对方观点作为妥协的条件。因此，在实际操作中，我们要认准自己的原则立场，然后寻找合适的语言说服对方，让对方放下戒备，冰释前嫌，逐渐和自己形成统一战线。

1. 化敌为友，增强己方力量

在实际生活中，我们不能保证我们所做出的决定都会得到大家的认可。在这种情况下，抱有不同意见的人之间就会产生一些隔阂，如果这些隔阂不能及时得到处理，就有可能给自己行动的开展造成很多阻力。在面对和自己意见不同的一方时，我们要及时采取策略，消除对方的心理隔阂，化敌为友，拉拢对方到自己的阵营中来。

马胜利在承包了石家庄造纸厂后，场内的一些元老骨干对于他的做法都有一些怨言，特别是以前的副厂长孙文敏。马胜利在组织新一任领导班子时，看中了孙文敏的才华和能力，想要吸收他到自己的新“内阁”中来。但是，在这之前他必须消除孙厂长对自己的不满。

一天晚上，马胜利宴请孙文敏。两个人一见面都有些尴尬，但是这个时候马胜利微笑着说：“老孙，我这次找你是来唱《将相和》的啊。”

孙文敏一听，连忙说：“就是要唱《将相和》，也是我先来个‘负荆请罪’才行啊!”

马胜利在这里借用了廉颇、蔺相如化敌为友的《将相和》，来说明自己此番前来的一个主要目的，而且语言用得比较隐晦、真诚，希望对方可以不计前嫌共谋发展，显示了自己的诚意，消除了对方的心理障碍。

2. 化敌为友，缓解紧张氛围

生活中，我们与人交往难免会出现一些小摩擦，此时，如果和对方互不相让就会形成一种敌对的局面，给双方造成不同程度的伤害。如果可以用比较机智真诚的语言，向对方表达自己的歉意和宽容，往往就可以将紧张的气氛瞬间化解，重新形成一种融洽的氛围。

有一次在公交车上，一个小伙子挤上车没有站稳，踩到了一位姑娘的脚。姑娘“哎哟”一声，怒气冲冲地说道：“你这个人怎么回事，就不能看着点吗?”小伙子看着姑娘生气了，没有和她吵而是不停地道歉，看着姑娘怒气未消，说道：“我真的不是故意的，你要是实在气不过，要不你踩我一下。”说着就把脚伸了出去。看到他这个诚恳的举动，姑娘一下就笑了起来，说道：“其实也没有什么。”

面对姑娘的怒气，小伙子没有和对方展开一场“骂战”，而是本着化干戈为玉帛的心态，想让事情化解，于是便用诚恳的态度半开玩笑地让对方踩自己一下“报仇”，面对这样真诚可爱的举动，恐怕换作谁也没有办法继续生气了。

和我们的总统先生握一下手，可以吗——随机应变术

在人际交往中，学会察言观色让人在任何场合都可以操纵自如。在与人沟通时，根据对方脸色的变化适时调整自己的话题，可以营造更加舒适的交流氛围。语言上的这种察颜观色就像船行驶在大海上要依靠风的方向及时调整舵柄一样，在交往中感受对方细微的心理变化，调整自己的话语策略也是一种非常难得的语言技巧。

有一次，戈尔巴乔夫和夫人到美国进行访问。这次出访双方都非常谨慎和小心，尽量避免各种问题。但是，在戈尔巴乔夫夫妇准备离开美国时，却发生了小意外。

准备结束美国访问之旅的戈尔巴乔夫夫妇受里根总统的邀请到白宫参加欢送晚宴。走到一个闹市区的时候，戈尔巴乔夫突然心血来潮，想要和群众交流一下，便走下车。可是他身边的保安人员担心这些群众里有携带武器的人会威胁到戈尔巴乔夫的安全，便冲下车将人群包围说：“请你们伸出手来！”面对这突然的命令，很多美国群众都显得有点措手不及，甚至有一些人已经面带怒色。

戈尔巴乔夫夫人看到这种情况，意识到如果不采取一些措施很有可能让美国民众对戈尔巴乔夫产生误解，于是便走到人群前面，温和地解释说：“大家不要误会，我们保安人员的意思是想请大家伸出手来，和我们的总统先生握一下手，可以吗？”

听到这样的解释，当时的气氛迅速得到了缓解，大家都主动伸出手来和戈尔巴乔夫以及夫人握手。

戈尔巴乔夫的夫人在面对保安人员因为强制命令群众伸出手而造成的紧张气氛时，没有放任事态发展，而是主动想办法化解这种不愉快的氛围，维护自己国家在民众中的形象。她向当时已经表现出不满的民众解释戈尔巴乔夫只是想和大家握一下手，而且用了一种恳请的语气，征求对方的意见，让民众反感的心理一扫而光，成功化解了眼前的危机。不得不说戈尔巴乔夫的夫人机智的语言确实令人钦佩。

在交际中一个人说话的语气、动作以及表情的变化，都会向我们暴露出他此刻的内心感受。作为交谈者我们要及时把握住这些变化的信息，而不能做一个“盲人瞎马”，随意进行自己的话题而不顾对方的感受。特别是触及对方比较敏感的问题时，更要谨慎。比如有一些人是单亲家庭，我们要尽量避免这个话题，在不得不说的情况下也要点到为止，观察对方的表情变化，而不能针对这个问题在对方面前大谈特谈，引发对方不满。

这种随机应变的语言技巧，简单说来就是一种根据对方心理的细微变化而调整自己谈话策略的能力。这就需要谈话人在交谈过程中，仔细观察对方的细微变化，通过捕捉对方的脸色变化，适时转移那些可能会激怒对方的话题，维持自己在对方心中的形象，同时也保持交谈气氛的融洽。

1. 学会察言观色让交谈更加轻松

在人际交往中不懂得察言观色的人就像是在浩瀚的大海中不会掌舵的船手，很有可能就在海面涌起波涛时翻船。学会推断对方的细微变化中所隐藏的信息，并且根据这些信息来转换自己的话题，才是语言交际中的高手。

二十世纪七八十年代老诗人严阵有一次和一位青年女作家去美国访问。他们在一个广场散步时，恰巧碰到两位美国老人在旁休息。美国老人看见中国人走过来非常热情地上前交谈。其中一位老人为表达对中国人的尊敬和喜爱，非常热烈地拥抱了那位女作家，并亲吻了一下。

女作家极少面对这种情况，一下子就觉得十分尴尬，不知所措。另一位老人也抱怨那老人说："中国人不习惯这样，你这样很不礼貌！"那拥抱过女作家的老人像犯了很严重错误似的呆立一旁，当时的气氛非常尴尬。严阵见此情境赶快上前微笑着说："尊敬的老先生，我想你刚才想要吻的不是这位女士，而是中国，对吗？"那老人听后，脸上尴尬的气色马上消失，笑着回答："对，对！您说的没错，我要吻的是中国！"紧张的气氛在笑声中烟消云散了。

面对老人突如其来的举动以及由此造成的尴尬气氛，严阵看到了老人的不自然，也明白这种亲密的举动是老人一种表示友好的方式，于是就用"亲吻中国"这个话题转移了当时因为"亲吻"而引发的尴尬，将气氛重新激活。

2. 见什么人说什么话

在进行语言交际时，我们说随机应变，更重要的一点就是要针对自己交谈对象的变化适当调整自己的交谈话题。不能一味以自己的兴趣为焦点而不顾及对方的感受。比如在和未婚的年轻人聊天时，如果只是谈论自己的婚姻生活，就会让对方觉得你在显摆自己的幸福，造成对方的反感。因此，在交谈中要尽量找到对方感兴趣的话题，让对方有话可谈，这才是人际交往顺利进行的途径。

在商业谈判活动中这种随机应变的说话方式有时候可以帮助你顺利得到订单。小王是一家木材厂的销售员，有一次他去一个将要盖新厂房的工厂推销。他在去之前打探到对方负责人很喜欢收集邮票。于是见到这位负责人时，他便说："早就听说您是一个集邮专家，我对邮票也有点兴趣，但是没有您专业，想向您请教一点相关的问题。"负责人一听便笑逐颜开地说起了自己集邮的经验，主动问起了小王的来意，并且表示愿意和他合作。

小王在进行推销时，没有直接进入自己的话题，而是针对对方感兴趣的邮票进入交谈，在交谈中逐渐减少对方对自己的防备，拉近彼此的距离。这种见什么人说什么话的技巧运用的关键就是要对自己的交谈对象有一个大致的了解，主动向对方的兴趣靠近。

除了让我一时觉得痛快以外，没有别的用处——多留余地术

大家都知道有这样一句古话：满招损，谦受益。这本是说做人要谦虚不要过分自满。但是，这句话用在我们日常交往中也有重要的意义。我们逢人说话不能将话说得太绝对，不给对方也不给自己留下回旋的余地。在杯子里水倒得太满了就会溢出来，把话说得太满了反而也会漏洞重重，让自己陷入困境。

在生活中，我们常常见到这样一些人。在工作中，上级交代下来一个任务，有的人比较谨慎就会将自己完成的时间尽量说得长一些，但是有些人为了显示自己的能力，随随便便就保证自己在几天之内就可以完成，结果真到了自己说的期限，却没有什么重要的进展。不仅让自己丢了丑，而且也让领导觉得你这个人不是很靠得住。因此，在说话办事时，我们要注意给自己留下余地，不能自己把自己逼入死角。

美国内战中著名的盖茨堡战役在1863年打响了。经过了三天的殊死搏斗，李将军开始向南方撤退。林肯知道了这种情况，知道这是一个非常好的时机，因为只要打败李将军的军队，战争就可以很快地结束了。

于是，他雄心勃勃地下了一道命令给当时在前线的米地将军，要他立刻出击李将军。林肯不但用电报下令，并且另派专差传讯，要米地马上行动。但是，米地将军完全违背林肯的命令，先行通知紧急军事会议。

由于米地将军迟疑不决，故意拖延时间，拒绝攻打李将军，结果等暴雨停止洪水退去，李将军和军队越过波多马克河，顺利南逃。林肯知道后勃然大怒，咆哮道："这是怎么一回事？老天，这究竟是怎么回事？他们就在伸手可及的地方，只要他们伸出手，敌人必定跑不掉的。难道我说的话不能让军队移动半步？在当时的情况下，什么人都可以打败李

将军，就是我也可以让李将军俯首就擒。”极端失望之余，林肯坐下来给米地写了一封信表达自己内心的极端不满。可令人意外的是，米地将军从没有读过这封信，因为林肯并没有把这封信寄出去。这是后来，别人在一堆文件中发现的。

“我的猜测是……这仅是我的猜测……”林肯后来回忆说，“我当时心里想：慢着，也许我不该这么性急。坐在安静的白宫里发号施令很容易，如果我身在盖茨堡，像米地一样每天看见许多人流血，听见许多伤兵哀号，也许就不会急着要攻打敌人了，如果我个性像米地一样畏缩，大概也会做同样的决定吧！无论如何，现在木已成舟，把这封信寄出，除了让我一时觉得痛快以外，没有别的用处。米地会为自己辩解，会反过来攻击我，这只会使大家都不痛快，甚至损及他的前途，或逼他离开军队而已。”

林肯没有将那封措辞激烈的信寄给米地将军，而是从对方正在战场接受死亡的考验的角度出发，认为自己不能将军士们逼得太紧。应该给对方留下一点空间和余地，不能用话语逼迫对方，逼迫自己的军队铤而走险也是封堵了自己的出路。

这种留有余地的语言技巧在使用过程中就是要从对方的角度来思考问题，让自己的话具有更大的伸缩性，不能过于绝对地进行承诺。一定要给自己留下可以回旋的余地。

在实际生活中，无论是批评别人，还是向别人做出什么许诺，都要注意让自己的语言具有伸缩性，不能将自己语言的弓拉得太满，伤害别人也伤害自己。

1. 自己的许诺不要过分绝对

在生活中，我们都非常厌恶那些自吹自擂的人，无论遇到什么问题都说自己绝对没有问题。可是做完一件事情却是处处有问题，他在别人心中的形象一下就降到了最低。在向别人许诺自己做某件事情时，一定要充分考虑到可能遇到的意外情况，不能过分高估自己的能力，口出狂言。

一个游戏制作公司想要研发一个新的游戏项目，老板将绘图的事务交给了下属小李，问他：“这件事你自己做有没有问题？”

小李拍着胸脯回答说："没问题，放心吧！这点小事难不倒我。"

过了三天，老板看他还没有任何动静，就问他进度如何，小李这才老实回答："没有想象中那么简单！我自己可能不行。"

虽然老板表面上没有说什么只是让他继续努力，但对他拍胸脯信誓旦旦的做法已经开始反感。

面对一项新的任务，小李只想到要在老板面前表现自己，却完全没有考虑自己的实际能力和可能遇到的困难，将自己的许诺说得过于绝对。当真正出现问题自己解决不了时再承认自己能力不够，却已经造成对方的不满，让自己在老板心里的形象大打折扣。

2. 说话过于夸张违背常理

在生活中，我们常常遇到这种情况，我们去商店买东西，当问及商品性能时，售货员总是口若悬河地说这个商品这好那好，完全没有缺点。但是，面对这样的介绍我们自己总是心存疑虑，世界上哪里有没问题的商品，这个售货员肯定没有说实话，于是你对于自己面前这个人的信任也就大大降低了。

经常坐火车的人知道，火车上经常有推销产品的人。有一次一个推销员在火车上推销自己的袜子。她随手拿起一只袜子，紧接着又拿起打火机，在袜子下面轻快晃动，火苗穿过袜子，而袜子也未受到损伤。然后她就开始说这个袜子穿不坏，质量好，绝对没有问题。随后她就将袜子发到顾客手中传看。

一位顾客看到刚才的演示，便要拿打火机烧，急得推销员赶忙补充说："袜子并不是烧不着，我只是证明它的透气性好。"当时的气氛明显地影响了顾客的消费情绪，大家认为这个推销员很不真诚。

这位推销员的错误在于，她过于想要卖出自己的东西，因此不顾常理地将自己的袜子吹嘘一通，甚至说自己的袜子是穿不坏的。这样的介绍完全没有给自己留下退路，结果遇到了较真的顾客，再否认袜子不是烧不着，便有点自相矛盾了，而她的介绍的真实性也受到质疑。

温言软语化难题——以柔克刚术

1. 用恭维的软语制衡难题

有些时候，我们在一些重要的场合，面对一些重要的会谈场面，时常会因为对方的提问陷入一种进退两难的局面。这个时候，如果采用这种以弱应强的语言战术，就会为自己营造一种有利局势。

1972 年，美国国务卿基辛格，要随同尼克松总统前往莫斯科。途中他们在经过维也纳时，就即将举行的美苏首脑会谈问题，举行了一次隆重的记者招待会。一名来自《纽约时报》的记者提出了一个所谓的“程序性问题”。他问道：“到时，你们是点点滴滴地宣布呢？还是来个倾盆大雨，成批地发表协定呢?”基辛格没有就这个问题直接给出答案，而是回答说：“我明白了，大家看啊，记者先生同他的报纸一样，是多么公正啊！他要我在倾盆大雨和点点滴滴之间任选一个。所以，无论我们怎么办，总是坏透了。”然后，基辛格略停顿了一下，半开玩笑地继续说道，“我们打算点点滴滴地发表成批声明。”顿时哄堂大笑。

在这次与记者的针锋相对中，面对对方刁钻刻薄的问题，基辛格并没有直接就对方的提问进行回答，没有确切地给出对方答复，而是先恭维对方的报纸，用一种温柔的态度软化对方的进攻锋芒，利用柔和并且带有幽默的话语化解了自己的难题。

2. 柔弱语言软化对方立场

在日常生活中，这种以弱胜强的语言技巧也可以用来软化对方的态度，达到自己的目的。这种方法的主要特点就是抓住人们心中最脆弱的情感倾向，用温和的语言进行感化，激发对方的同情心。

在一次电视节目中，一位母亲曾经说起自己和儿子的一场对话。儿子在上高中的时候，为了让他好好学习，不要和同学攀比新衣服，母亲严格控制着儿子的服装类支出。有一次，儿子见她在家，便提出要和她谈一下。

儿子担心妈妈认为自己只想着打扮，不好好学习，会拒绝自己的请求，就有了一个比较独特的方法。他没有直接提出想买一条牛仔裤的打算，而是说："妈妈，您看谁家的儿子只有一条牛仔裤呢？"

这位母亲说，当时听了儿子的话，就觉得心里一酸，人家的孩子都好吃好穿，而我自己却亏待了儿子。当即决定再给儿子买一套像样的衣服。

可见，儿子的这种温和的示弱语言确实达到了预期的目的，借用别人儿子的生活来调动起母亲对于孩子的自发的爱护，从感情上对孩子的要求给予认同。

我早就知道，打雷以后，必定会下大雨的——欢笑制怒术

面对一个极度愤怒的人时，我们应该怎么办呢？是和他吵得不可开交，还是用一种轻松愉快的方式化解对方的愤怒？我想几乎所有人都希望选择第二种方式，因为无论什么情况和别人吵得不可开交都会影响自己的心情。但是如何才能让对方的愤怒化解呢？这就需要我们使用一种幽默的语言，用欢声笑语代替怒容满面。

我们都知道苏格拉底是古希腊著名的思想家、哲学家和教育家。他的智慧被当时的人所称颂，但是这位如此贤明的大智者却有一个性格很糟糕的妻子。

苏格拉底的妻子名叫克桑蒂贝，这个女人简直就是悍妇和坏老婆的代名词。她心胸狭窄，性格冥顽不化，喜欢唠叨不休，动辄破口大骂，是一个极令人讨厌的女人，常常使堂堂的大哲学家苏格拉底感到困窘不堪。

但是聪明的苏格拉底总是有办法对付这位悍妻无缘无故的怒气，而且总是可以用机智的话语化解妻子带给自己的种种尴尬。

有一次，苏格拉底和学生们正在讨论一个学术问题，大家正在互相

争论的时候，他的妻子气冲冲地跑进来，无缘无故地把苏格拉底大骂了一顿之后，然后又从外面提来一桶水，猛地泼到苏格拉底的身上。

在场的学生都非常震惊，而且以为苏格拉底会怒斥甚至会打妻子一顿，哪知他摸了摸浑身湿透的衣服，风趣地对他的妻子还有学生说："我早就知道，打雷以后，必定会下大雨的。"学生听完之后不禁笑了起来，他的妻子脸色也有了一些缓和，知道自己再胡闹下去一定会被别人责怪，只能悻悻地走了出去。

苏格拉底面对妻子在大庭广众之下对自己发脾气这一情况，没有针锋相对和她进行辩论。我们都知道一句俗话"秀才遇到兵有理说不清"，明知道自己的妻子是一名悍妇，那么此时和她争论不但自己捞不到什么好处，很有可能妻子会让自己更加丢人。而且，事情已经出了，大家也看了自己的笑话，当务之急是找个台阶下来，顺便让妻子的怒气消失。于是，他用打雷之后必定下雨的话，将自己的这场遭遇用一种幽默的方式化解，让大家一笑了之，也显示了自己的宽容和大度。

欢笑是治疗愤怒的一剂最佳良药。因此，当我们面对一个愤怒满怀的人时，不要意气用事地和对方进行强强对抗，而是让自己心平气和，用一种幽默的语言让对方会心一笑，成功化解对方的愤怒。特别是对方的愤怒因你而起时，更要注意语言的策略，以一种幽默的角度化解对方心中的不快，不要因为一点小事而让对方成为自己的敌人。

1. 选择合适的语言，让对方的愤怒随风消散

我们生活在社会当中，难免会因为一点小事而引起他人的不快。在这种情况下，我们不应该只站在自己的角度，面对对方的愤怒表现得不屑一顾。而是要认识到自己语言的失误，尽量消除别人对你的意见，化解对方心中因你而产生的怨气。不能凭着一时的义气而和对方针锋相对，而是要用自己的智慧让对方一笑了之。

一天早上，一个小伙子风风火火地骑车去上班。过马路的时候正好看见一位老大爷正在自己的前方，眼看快要撞上了，小伙子赶紧喊道："别动，别动。"老大爷听着声音顺势一看也吓了一跳，赶紧停下了自己

的脚步，可是小伙子还是刹车不及撞倒了老大爷。

老大爷非常生气，刚要说什么，小伙子马上走过来，把他扶起来，满脸歉意地说："真是太对不起了老大爷，本来我想让您停下来，这样就不会撞到您了，结果倒变成瞄准了。"

老大爷一听他这话，一下子就笑了出来。

面对被自己撞倒而生气的老大爷，小伙子没有一味推卸责任或者是和老大爷当街吵一架，而是用一种诚恳的态度，首先向老大爷道歉。然后幽默地将自己撞倒老大爷这件事说成了"瞄准"，让老大爷心里的怒气因为这句玩笑话一下子就消除了。

2. 欢声笑语中化解对方的敌意

在生活中特别是恋人和夫妻之间常常因为一点小事而闹矛盾。这个时候如果彼此互不相让大吵大闹就会影响到两个人的感情，给双方的心理造成一些隔阂。在双方出现矛盾的时候，最好的方法就是彼此都后退一步，看到对方正在盛怒之中时，不要和对方纠缠强辩，而是让自己冷静下来，用一种温柔的手段消除对方对自己的愤怒。

一对刚刚结婚的小夫妻，因为一点小事争吵了起来。吵着吵着女方觉得自己特别委屈，就说道："我要和你离婚！"小伙子一听这话知道妻子已经非常生气了，如果继续和她争下去很有可能出现不可挽回的局面。于是就将语气缓和下来对她说："我同意离婚，但是我要将我最重要的东西拿走。"妻子一听丈夫同意离婚，顿时气不打一处来，就说道："行！你拿，你随便拿！"只见小伙子马上走到妻子面前，把她抱起来说："我要带走你，你是我最重要的东西。"妻子听了这话，便破涕为笑。

面对妻子的愤怒，小伙子没有意气用事非要逆着妻子的意思，而是用带走自己最重要的东西为条件答应妻子离婚，随后又向妻子表白她就是自己最重要的东西，让妻子知道她在自己心中的地位。巧妙化解了妻子心中因为小事而对于自己的不满，消除了彼此的隔阂，挽救了自己的感情。

拉近彼此距离，调节紧张气氛——幽默说服术

在面对陌生人时，我们总是会表现出一种尴尬和无所适从。这种紧张的氛围也影响到对方和自己的接触，无形之中形成了一种距离，让彼此都无法接近，在这个时候，能够缓解这种尴尬气氛的有效手段就是幽默。

幽默是一种充满智慧的语言，它能够表现出一个人的修养，同时也能够在对方心中形成一种认同，让别人觉得你是一个很亲切的人，慢慢消除对方的疑虑，逐渐向你的观点靠拢。

克劳琛在担任中国女足技术顾问后，由于语言的不同和相互之间的不熟悉。女足姑娘们对于这个洋教练不是十分认可，彼此之间存在着很大的隔阂。但是，克劳琛却凭借着自己的幽默语言，迅速得到了姑娘们的好感，甚至在平时训练时，他也不忘时时幽上一默。克劳琛的幽默还表现在他面对采访时。

据说有一次体育记者想要电话采访正在国外带队比赛的克劳琛，这位老帅说道："我想我只有五分钟的时间。"但是，当记者谈到了中国的青少年足球时，这位老帅就打开了自己的话匣子，对记者说道："我想我不能为您省电话费了，因为我还有一些建议要谈。"

在一次和自己的祖国球队德国队进行比赛时，在赛后克劳琛想要去和德国的队员进行一下沟通，于是就将自己身上的中国队服脱下来。记者见到后就问："您为什么要把中国队的球衣脱掉呢?"克劳琛担心会有不必要的误会，于是就幽默地回答说："我要去找一下我的那些德国老乡，如果我穿着中国的球衣过去，恐怕他们就不会和我说话了。"听完了老帅的这番话，记者们都会心一笑。

幽默的语言有时候就像是一块磁铁，可以吸引不同的人向自己靠拢，还会将不利于自己的排斥在外。克劳琛在面对采访时用这种幽默的语言，不仅表达出了他对于中国的感情，同时也合情合理地解释了自己见老乡要脱下球衣的举动，没有给自己造成不必要的误会和尴尬。

在我们遇到一些新朋友的时候，如果一时找不到什么话题，不如就借着幽默的语言顺势调侃一番，打破沉闷的气氛，缓解双方在心理上的紧张。而且在剑拔弩张的气氛中，幽默的语言还能起到调节剂的作用，缓和当时的紧张局势，让彼此的关系重新进入一种和谐的状态。在面对一些不利于自己的环境时，幽默的语言还可以保护自己不受伤害，将对方进攻的锋芒化解。

1．幽默语言拉近彼此距离

面对自己不熟悉的陌生人时，如果彼此都不说话，气氛一定显得异常尴尬，在这样的环境下我们都会觉得不舒服。这个时候，我们可以选择一个大家都比较舒服的话题，用一种比较幽默的方式来表达自己的观点，缓和当时的气氛。

鲁迅有一次和朋友参加一个聚会，在这个聚会上，有很多人鲁迅都不是非常熟悉。这个时候，其中一个人说起了现在不让男女同校、同池游泳的问题。鲁迅先生便趁机说道："虽然禁止了男女同校和同池游泳，可是大家还生活在同样的空气中，男人呼出的气，又被女人吸进去。不如也下一个禁令，无论男女老幼都带着防毒面具行走，就像这样。"说着他自己真的学起了戴面具行走的样子，惹得大家哈哈大笑。

在自己不熟悉的环境中，鲁迅先生为了拉近和各位的距离，就借用禁止男女同校的话题进行了一番幽默的表述。化解了自己面对他人的尴尬，也让大家知道他是一个随和的人，消除了彼此的拘束。

2．幽默语言调节紧张气氛

在人际交往过程中，遇到一些充满火药味的气氛时，幽默的语言可以起到一种"雪中送炭"的作用，消除对方的敌意，让尴尬的氛围转化成一种和谐的色彩。

一个百货商场正在进行春节促销，商场里人很多，导购小姐都忙不过来。这个时候，收银台来了一位怒气冲冲的太太，她大声地对收银员说："在你们这里，我根本找不到'礼貌'这种东西。"听了这话，收银员稍稍一愣，随后便微笑着说："那您可不可以给我们看看您的'样品'呢?"那位太太愣了片刻便笑了起来。一场可能出现的冲突就这样化解了。

可见，在对方满怀怒意的时候，不要和他进行争论和对抗，而是要用合适的语言安抚对方的情绪。面对这位怒气冲冲的太太，收银员没有用刻薄的话进行回击，而是选择了一种玩笑的方式，让对方意识到自己刚才的做法也有些欠妥。自己压制住了愤怒，消除了彼此剑拔弩张的紧张氛围。

香港的女版贾宝玉——美言辩论术

面对赞美的语言，任何人的防御能力都会变成“零”。在和陌生人进行交往时，我们可以先从赞美入手，先抬高对方的身份，让对方形成对于自己的一个认同，这样就在无形之中拉近了彼此的距离。特别是在生意场上，这种美言辩论术往往可以让对方心花怒放，消除对于你的质疑，使谈判过程变得更加顺利。

孔立威的传播公司有一次要推出一系列的新产品，需要和一家广告公司合作，来宣传公司这次推出的新产品。每天来和孔立威洽谈的广告公司都有很多，而且每一家都有自己的特色，他一时之间难以选择。

有一天，一家广告公司的张经理来到孔立威的公司，也要和他商量合作的事情，但是这位张经理没有开门见山地说这次新产品广告的事情，而是指着挂在孔立威办公室墙上的公司 LOGO（标识）说：“哟，孔经理你们公司的 LOGO 设计得真是不错啊！很有特点。第一眼看上去就给人一种积极向上的活力感，而且越看越有味道。”

“是吗？这个 LOGO 是公司刚刚成立时，我亲自设计的。”说这话的时候，孔立威不自觉地就表现出了一种自豪感，而且还继续向张经理讲述自己在设计这个 LOGO 时所考虑到的比例问题和色彩问题，并且将每个色块运用的寓意告诉张经理。孔立威在介绍时的兴奋之情也是溢于言表的。

随后在磋商合作事宜时，双方也显得非常亲密，孔立威没有多做犹豫就将自己的广告代理交给了张经理的公司去做。

可以看出，张经理对于公司 LOGO 的夸赞可谓是正中对方下怀，每一家公司最为重要的标志就是代表自己的企业精神的 LOGO。张经理的赞扬，其实就是对于孔立威公司的一种肯定。孔立威当然会觉得心花怒放，更何况这个标志还是他亲自设计的，听到别人的这种赞美，自豪感也就随之升起。

在用这种美言交锋技巧时，我们要注意根据对方最在意的东西安排自己的赞美。如果你在面对一位医生时，刻意夸赞他的厨艺好，是不能达到“醉倒”对方的效果的，甚至还会让对方认为你是故意羞辱他。因此，美言技巧要建立在你对所要赞美对象有一定的认识的基础上，而不是随意使用溢美之词。

1. 恭维对方拉近彼此的距离

俗话说“伸手不打笑脸人”，面对一个满脸笑意而且还时时对自己进行恭维的人，没有人会将这种人拒之门外。因此，在一些面对新朋友或者有求于人的场合，适当的恭维对方是让自己的目的更快实现的一条捷径。

20 世纪 80 年代，当时新拍的电视剧《红楼梦》在国内热播，得到了广泛的好评。并且出版方决定在 1987 年将这部电视剧在香港上映。在首映式时，饰演贾宝玉的欧阳奋强走进了休息室，这时候亚洲电视台的著名演员方国珊走到他身边说：“你就是欧阳奋强吗？我叫方国珊，他们都说我们两个长得很像。”这个时候，欧阳奋强非常谦虚地回答：“方小姐，我觉得你比我长得漂亮多了！”这个时候，领班高先生也风趣地说：“方小姐可是香港的女版贾宝玉啊！”方国珊听了他们的赞扬非常高兴。

面对自己并不熟悉的方国珊，欧阳奋强毫不吝惜自己的赞美之词，表扬对方要比自己漂亮得多。高先生也趁此机会将这位著名演员高高抬起，如此也将两方的关系拉近了一步。

2. 背后恭维提升认同效果

在生活中总有一些人对直接的恭维之词并不过敏，甚至有些人讨厌这种做法，认为你的恭维就是一种虚伪。在面对这类人时，我们要将自己的美言策略进行相应的调整，既然对方不喜欢你面对面的恭维，我们就选择背后说好话的方式。但是，使用这种方法时要注意自己虽然是在背后进行赞美，但是也要将赞美的话对和那个人有直接关系的人说，避免做一些无用功。

德国著名的铁血宰相俾斯麦为了和一个对自己有敌意的下属搞好关系，就经常在和这名下属关系不错的人面前夸奖他：为人正直、心胸坦荡，而且夸奖他对于政治的敏感性要比自己高很多，是一个非常优秀的政治家。

不久，这些话就传到了这名下属的耳朵里。久而久之他对俾斯麦的敌意有了明显的降低，甚至在一些公开场合也支持俾斯麦的主张，两个人最终结成了亲密的盟友。

面对自己想要拉拢的人，俾斯麦没有直接当面进行表扬，这样不仅显得做作，反而让对方更加瞧不起自己。于是他就选择了一种曲线作战的方法，在别人面前进行表扬，然后借用别人的嘴传到对方的耳朵里。这样的恭维效果其实更加显著。对方认为你是一个宽容而且大度的人，心中的敌意自然也会慢慢消失。

武大郎开店找错了帮手——以退为进术

在生活中，我们不可能在所有情况下都保持自己的优势地位。很多时候我们都要面对对自己不利的局势，在这种情况下最好的做法不一定是迎难而上，反而是急流勇退对自己更加有利，特别是在语言交锋中，面对对手强大的攻势自己又无力防守时，不如就索性自嘲一把，以退为进，向对方显示自己在胜败面前的一种洒脱。

麦克阿瑟是一位战功卓著的将军，但是这个人的性格非常强硬，面对任何人都不会谦虚，给人一种傲慢无礼的感觉。

有一次，美国总统杜鲁门在白宫会见麦克阿瑟将军。这位傲慢的将军根本没有把这位总统放在眼里。会见过程中，麦克阿瑟坦然地拿出他的烟斗，仔细地装上烟丝，然后把烟斗叼在嘴里，取出火柴。当他准备划燃火柴时，才停下来想要征求一下总统的意见。只见他转过头看看杜鲁门总统，慢悠悠地问道："我抽烟，总统先生你不会介意吧?"

很明显，麦克阿瑟这不是诚心地征求意见。在他已经做好了抽烟准备的情况下，如果杜鲁门说他介意，那就会显得总统粗鲁和霸道。麦克阿瑟这种缺乏礼貌的傲慢言行使杜鲁门有些难堪。

然而，杜鲁门只是狠狠地盯了麦克阿瑟一眼，便自嘲地说道：“你请便吧，将军。别人喷到我脸上的烟雾，要比喷在任何一个美国人脸上的烟雾都多。”

面对着麦克阿瑟的傲慢，杜鲁门如果和他进行强硬的论辩，一定会使双方的关系更加紧张，外界还会认为杜鲁门是一个心胸狭窄的总统。于是，在这种不宜进攻的形势下，杜鲁门选择了语言上的防守战略，用自嘲的口吻表达了自己的不满，同时也摆脱了麦克阿瑟这种做法给自己造成的窘境。

这种自嘲性质的以退为进的语言技巧在缓解紧张气氛时同样有效。有时候敢于进行自嘲的人往往会散发出更大的人格魅力，使对方在无形中被你软化。而且这种自嘲的做法可以缓解因为对方语言过于刻薄而造成的僵局。

1. 用自嘲式的语言打破僵局

在与人打交道的过程中，我们会遇到形形色色的人，有一些傲慢的人会在无意中因为一句话给我们造成尴尬的局面，在这种时候与其和对方争论得面红耳赤，不如自己主动退一步，显得海阔天空。而且自嘲的语言能够反映出说话者的机智，扭转已经造成的僵局。

比如，在一个商业舞会上，一位个头偏矮的男子想要邀请对面一位身材窈窕的女孩跳舞，可女孩却用鄙夷的眼神看了他一眼，态度傲慢地说：“我这个人从来不和比我矮的男人跳舞。”

这个男士听后稍微一愣，继而淡淡一笑说：“看来我真是武大郎开店找错了帮手啊，那就打扰小姐了。”

这种自嘲的语言使那位男士在面对女方的贬低语言时，没有陷入窘境，成为别人的笑谈，反而因为这种刻意贬低自己的做法，让大家见识到了他的智慧和大度，扭转了对自己不利的局面。

当我们面对类似的局面时，不要逃避对方的责难，刻意逃避反而会让自己变得更加紧张。在这个时候最好的做法就是，大方地在别人的挖苦面前坦然一笑，顺着对方的语言攻击进行一种防御性的自嘲。这样做，别人反而会由于你的真诚而更加愿意与你沟通。

2. 幽默式自嘲维护尊严

自嘲的语言是一种带有幽默性质的话语，这种语言在适当的语言环境中说出不仅可以巧妙地化解自己所处的不利地位，还可以在各种不利于自己的环境下维护自己的尊严，是一种自卫性非常强的语言技巧。

> 在某大学举行的期末颁奖典礼上，一个物理系的学生同时拿到了校级“三好学生”“优秀干部”等多种奖项，台下物理系的学生对他致以热烈的掌声，欢迎他上台领奖。
>
> 可是特别不凑巧，这个学生走在台阶上时，不小心摔了一跤，狼狈不堪非常尴尬，台下的掌声也一下都消失了。会场顿时安静得可怕，有的学生甚至还偷偷笑了起来。
>
> 但是摔倒的学生大大方方站起来，微笑着指着台阶大声对下面的同学说道：“大家看吧，上一个台阶，是多不容易。领奖如此，学习也是如此。”他还一边走，一边说，“一次失败不要紧，继续努力，再上一个台阶!”顿时，台下的掌声更加热烈了。

在面对尴尬困境时，自嘲的语言绝对是一种高明的脱身方法。在这个例子中，领奖的学生在众人面前摔倒，让自己一时丢了面子，如果什么都不说，那么肯定会成为学校的趣谈。他用一种自嘲的语言，把绊倒自己的台阶和学习的进步联系起来应对面前的窘境，很快为自己的尴尬找到了台阶，缓和了气氛，并且因为这种机智的反应赢得了满堂喝彩。

你冻着我的儿子，我就冻你的儿子——将心比心术

在人际交往的过程中，除了赞美的语言是大家都愿意听到的以外，另外一种受欢迎的语言技巧就是“将心比心”。我们在和对方进行交谈的过程中，

如果学会这种换位思考，站在对方的角度来想问题，往往可以感动对方，使谈话的气氛更加和谐。

我们常说“己所不欲，勿施于人”，在与人交往的过程中，这句话应该作为我们说话办事的一个重要原则。正如同我们不愿意被对方嘲笑一样，在交谈的过程中我们也要时时站在对方的角度思考我们的语言是不是会对对方造成伤害。在面对那些肆意说话的人时，我们也可以用一种委婉的方式提醒对方，他的表达方式欠妥当。

新中国成立之初有一位老将军，他对自己的子女和晚辈的教育非常重视，不允许孩子们偷懒耍滑。这位老将军有一个孙子，非常调皮，而且不好好学习，就知道到处去玩。为了教育这个孙子，老将军可是没少费心思，可是收效都不大。

有一次，孙子贪玩回家很晚。老将军二话没说拿起一根棍子就开始打，孩子的爸爸担心自己的孩子受不了，就说：“爸爸，你别打了，孩子还小，你这样打他，他受不了的。”

老将军听了这话说道：“我这是在给你管教儿子，你难道不满意啊?”

老将军的儿子一听这话没有再说什么。

一个冬天，老将军看见孙子在院子里堆雪人玩得不亦乐乎，他妈妈让他写作业也不听，于是他就走出去，气呼呼地将孙子的棉袄脱掉，让他跪在雪地里，说：“你不是喜欢雪吗？我让你冻个痛快。”

这时候，老将军的儿子走出来，也脱了衣服跪在雪地里。老将军不解，问道：“你这是做什么啊?”

老将军的儿子说：“你冻着我的儿子，我就冻你的儿子。”

老将军听后微微一愣，随后便笑着说：“好了，你们都穿好衣服进屋吧!”

面对自己霸道的父亲，老将军的儿子没有和他辩论管教孩子的方法，因为第一次提出反抗时，老将军就用替他管教孩子的借口将他驳了回去。这一次，看着父亲又要惩罚自己的儿子，他便索性和儿子一起下跪，一句“你冻着我的儿子，我就冻你的儿子”提醒了老将军做事情要将心比心，想想他这个做父亲的看着儿子被惩罚是什么滋味。这样的“反抗”比直接反驳老将军的做法收效更加明显。

可见，将心比心的语言技巧就是从对方的心理入手，或者是让自己多考虑一下对方的立场，或者是在对方提出无理要求时提醒对方从自己的立场多加分析，从心理上达成一种共识，减少发生摩擦的可能性。

1. 将心比心，从对方立场考虑问题

在与人交往的过程中，为了维护自己的权益，我们很多时候过于注重自己的立场，很少考虑到他人的心理和情绪。这样的思考角度往往给我们的交流带来一些阻力，使我们不能及时认识到对对方而言最需要的东西。特别是在推销产品的过程中，从对方的角度思考问题，才能更快使对方认同自己的观点。

在一个大型电器卖场，一对新婚夫妇来为自己的新房挑选电器。经过一番了解，导购员知道了这对夫妻刚刚贷款买了房，想要换一些新的家具。针对这样的情况，导购员这样推销自己的产品：“你们刚刚结婚，又是新买的房，目前来说肯定有一些经济上的压力，所以我建议你们买质量好而且价钱实惠的产品，不要刻意追求最新款式。”

这对夫妻听了导购员的介绍觉得很有道理，而且都是从自己的利益出发，对这名导购员非常信任，在她的建议下买了全套的电器。

在这个例子中，导购员没有从自己的利益出发给新婚夫妻推荐最贵的产品，即使她这样做，没有一定经济基础的夫妻也不会购买这种昂贵的电器。站在对方的立场，推荐他们买一些实用的东西，可以给对方一种感觉，就是你是从他们的角度出发，是一个值得信赖的人，生意自然可以顺利完成。

2. 将心比心，让对方了解自己的难处

我们在生活中面对一些人时，总会遇到这种情况，就是对方千方百计地说服我们按照他们的计划行事，却没有考虑到我们是不是适合这样的方案。这个时候如果生硬地拒绝会让对方觉得你不通人情，而不拒绝的话自

己做起事情来会不舒服。这种情况下，我们可以用比较幽默的语言，来提醒对方站在我们的角度上再思考一下这个问题，不要逼迫我们接受不能接受的条件。

德国著名作家冯塔纳，年轻时曾经在柏林的一家报社做编辑。有一次，他收到了一位青年作家的投稿。这个作家在附言上写道："我是一个不看重标点的人，如果你觉得有用就自己加上吧。"

冯塔纳根据对方的来信很快将稿件退回并写附言："我这个人对诗向来是不在乎的，下次请你只寄些标点来，诗就由我来填写好了！"

面对这个作家对于标点的轻率态度，冯塔纳用自己的方式来提醒这位作者标点对于编辑审稿的重要性，而且冯塔纳采用了一种比较幽默的方式将"标点"和"诗"进行了互换，提醒这位傲慢的作家要从别人的工作立场去考虑问题。